FLORIAN GOOSMANN

Mit Taktik punkten

DIE KUNST, ÜBER TENNIS NACHZUDENKEN

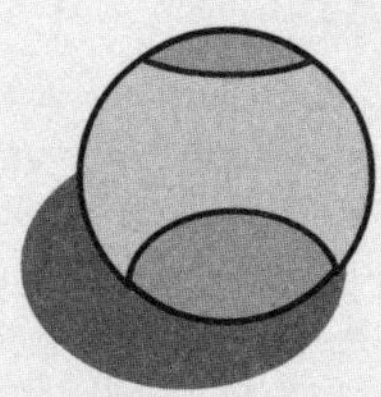

Layout und Satz: Danai Afrati
Covergestaltung: Pierre Sick
Abbildung Umschlag: imago images/PanoramiC (www.imago-images.de)
Text und Produktmanagement: Stiebner Verlag, München
Druck: Central Dabasi Nyomda Zrt, Ungarn

Bibliografische Information der Deutschen Nationalbibliothek:
Die Deutsche Nationalbibliothek verzeichnet diese Publikation in der Deutschen Nationalbibliografie; detaillierte bibliografische Daten sind im Internet über http://dnb.dnb.de abrufbar.
ISBN 978-3-7679-1290-8

Wir produzieren unsere Bücher mit großer Sorgfalt und Genauigkeit. Trotzdem lässt es sich nicht ausschließen, dass uns in Einzelfällen Fehler passieren. Auf unserer Webseite finden Sie bei dem jeweiligen Titel eventuelle Hinweise und Korrekturen. Sollten Sie in diesem Buch einen Fehler finden, so bitten wir um einen Hinweis an verlag@stiebner.com. Für solche Hinweise sind wir sehr dankbar, denn sie helfen uns, besser zu werden.
www.copress.de

»What happened in Monte Carlo happened,
and what happened in Barcelona happened,
and what happened in Madrid happened.
And here we are.
We are in Rome.«

(Rafael Nadal)[1]

1 https://www.youtube.com/watch?v=kIkp6n53g2w

Inhaltsverzeichnis

TEIL 2

ANHANG

Vorwort

Ich bin ein friedfertiger Mensch. Aber es gibt einen Satz in meinem Leben, der mich auf 180 bringt. Ich höre ihn ständig, wenn ich meinen Tennisschülerinnen diese eine entscheidende Frage stelle, die wichtigste Frage im Tennis überhaupt. Die, welchen Sinn ihr letzter Schlag gehabt habe, was sie sich dabei eigentlich gedacht haben. Der Satz, der mir dann entgegnet wird und der mich jedes Mal wieder zur Weißglut bringt, lautet: »Nix, ich hab den Ball halt einfach rübergespielt.«

Spielen auch Sie den Ball öfter »halt einfach rüber«? Womöglich sogar mit der richtigen Technik, die Sie sich in kostspieligen Trainingsstunden angeeignet haben? Dann sind Sie selbst daran schuld, dass Ihre Matchbilanz nüchtern aussieht. Die gute Nachricht: Bei Ihnen ist noch Luft nach oben! Denn ich versichere Ihnen: Sie hätten den Großteil Ihrer verlorenen Matches gewinnen können, wenn Sie den Ball nicht einfach nur rübergespielt hätten. Sondern mit einem Plan.

Jeder Mensch hat Schwächen – und wer behauptet, keine zu haben, lügt. Die Anzahl der Schwächen, die Tennisspieler haben, ist groß. Wer spielt schon perfekt? Roger Federer vielleicht, Rafael Nadal, Novak Djokovic. Und Ashleigh Barty. Und selbst bei denen decken windige Experten noch Schwachstellen auf. Sowohl auf technischer Seite als auch im taktischen Bereich. Wir wollen uns in diesem Buch nicht mit Federer oder Nadal messen. Unser Problem ist der Mensch auf der anderen Seite des Platzes. Unser Ziel ist es, gegen ihn zu gewinnen. Und genau hierbei soll dieses Buch helfen.

Als mein Kumpel C. einen Sommer lang am Schlagarm verletzt war, fing er an, mit der falschen Hand zu spielen. Weil er Tennis liebt und die Vorstellung nicht ertrug, einen kompletten Sommer außer Gefecht und nur zum Zuschauen verdammt zu sein. C. trainierte erst etwas im T-Feld, später locker und leicht von der Grundlinie aus. Wenige Wochen darauf legte er es darauf an, ein paar Matches gegen Spieler unserer Herren- und Damenmannschaft auszufechten. Zu unserer großen Überraschung war dies kein hoffnungsloses Unterfangen. Zwar fehlte ihm der natürliche Schwung, dennoch gewann er die meisten Spiele, und das nicht zu knapp. Einfach, weil er durch jahrelanges Tennisspielen ein Auge für die Situation hatte. Dafür, im richtigen Moment schon zu erkennen, in welche Richtung die Gegnerin oder der Gegner spielen würde, ob ein kurzer oder langer Ball zu erwarten wäre und von welcher Position aus er ihn annehmen könnte. Er hatte seinen nächsten Spielzug im Geiste schon abgeschlossen, bevor seinem Gegenüber klar wurde, wohin sein eigener Ball denn überhaupt fliegen würde. (Natürlich wurde auch hier mal »halt einfach rübergespielt«.)

Mitdenken auf dem Tennisplatz ist oft die halbe Miete, in den meisten Fällen sogar mehr als das. Oft sind die Nebenkosten schon mit drin. Darum treibt es mich in den Wahnsinn, welch Anfängerfehler im Vereinsspielerbereich gemacht werden. Ich meine hierbei nicht die Fehler im eigentlichen Sinne, auch nicht die technischen Fehler – die stehen auf einem anderen Blatt. Nein: Punkte, die aufgrund geistiger Trägheit verloren werden. Fehler, die mit gesundem Menschenverstand und etwas Übersicht nie passieren würden. Taktische Fehler. Als würden sich sportliche und geistige Tätigkeit per se ausschließen.

Hassen Sie es, wenn Ihr Gegner Sie durchgehend mit hohen Bällen nervt? Diese womöglich noch auf Ihre schwache Rückhand spielt? Und fühlen Sie sich auf verlorenem Posten, wenn Sie mal ans Netz laufen müssen – weil Sie aus Erfahrung wissen, dass Sie gleich überlobt werden? Hervorragend: Ihrem Gegner geht es in den meisten Fällen genauso. Sie müssen ihm also nur zuvorkommen.

Genau darum geht es in diesem Buch. Sie werden darin keine technischen Tipps finden – hier verweise ich gerne auf bereits existierende Werke oder einen guten Coach. In diesem Buch geht es darum, die Sinne zu schärfen und mit etwas logischem Denken und Verständnis dem Gegner stets einen Schritt voraus zu sein. Glauben Sie mir: Das ist nicht mal so schwierig. Und es wird sich irgendwann in Ihrem Kopf festsetzen, dass Sie gar nicht mehr so viel denken müssen, sondern vieles automatisch richtig machen. Ich will mit den folgenden Tipps versuchen, die typischen Schwachstellen, die Sie um Ihre möglichen Siege bringen, zu verringern – und die Ihres Gegners aufzudecken und gnadenlos auszunutzen. Natürlich schadet es nicht, einzelne Ideen vorab im Training zu üben.

Dieses Buch ist daher in zwei große Abschnitte aufgeteilt: Im ersten suchen wir Lösungen mit den vorhandenen Mitteln. Im zweiten will ich Ihnen ein paar Gedanken und Übungen mitgeben, mit denen Sie auf Dauer ein besserer Spieler werden sollten, ein Spieler mit mehr Möglichkeiten.

Wichtig: Niemand kann sich ein komplettes Buch merken oder umsetzen. Nehmen Sie sich immer wieder einzelne Kapitel vor und üben Sie die Umsetzung, erst im Trainingsspiel, dann im Match. Wiederholen Sie (»Lernen ist Wiedererkennen«), ich tue das im Buch bewusst auch. Versuchen Sie, in Ihren Matches nicht zu viel auf einmal umzusetzen (»Weniger ist mehr«).

Eine kleine Erklärung noch. Ich gehe in vielen Beispielen vom »typischen« Freizeitspieler aus – mit schwacher Rückhand und nicht allzu überragender Beinarbeit, noch dazu von einem Rechtshänder. Natürlich sind alle Spielerinnen und Spieler angesprochen. Ständig darauf hinzuweisen, dass es bei einem Akteur mit schwächerer Vorhand oder einem Linkshänder prinzipiell genauso, nur halt umgekehrt wäre, würde den Lesefluss aber enorm stören.

Ach ja: Ich werde Ihnen in diesen Kapiteln immer wieder kleine Fragen stellen. Das soll keinesfalls arrogant rüberkommen. Es soll Sie lediglich zum Mitdenken anregen. Denn dieses Buch einfach nur zu lesen, ist wie »einfach nur den Ball rüberspielen«. Und genau das wollen wir ja in Zukunft vermeiden.

TEIL 1

Ein paar Gedanken und taktische Tipps vorweg

Sie müssen nicht alle Punkte gewinnen – nur die wichtigen

Jeder von uns erinnert sich wohl an ganz besondere Tennispartien. An das erste Medenspiel, vielleicht auch an eine Packung, die man mal einstecken musste. Oder das entscheidende Aufstiegsspiel. Und natürlich an Matches, in denen man vielleicht sein bestes Tennis gespielt hat.

Warum gerade an Letzteres? Nun, weil das leider selten vorkommt. Hand aufs Herz: Wie oft in der vergangenen Saison haben Sie Ihr bestes Tennis ausgepackt, im Trainingsmatch oder am Medenspieltag? Zweimal? Dreimal? Herzlichen Glückwunsch, das ist toll! Es heißt aber im Umkehrschluss, dass Sie 30-, 40- oder 50-mal nicht perfekt gespielt haben.

Wenn wir hochrechnen, wie groß die Chancen sind, dass wir ausgerechnet in einem wichtigen Match unser bestes Tennis abrufen, kommen wir nicht weit, wenn wir die Siegesbilanz aufstocken wollen. Wir müssen an den Tagen anpacken, an denen nicht alles zusammenläuft – was nun mal meistens der Fall ist. Das Gute: Dem Gegner geht es ähnlich. Erwischt er ausgerechnet gegen uns seinen Sahnetag und putzt uns weg, müssen wir gratulieren. Den Löwenanteil an Matches werden Sie aber spielen, wenn weder Sie noch Ihr Gegner alles treffen. Machen wir uns das einfach mal bewusst.

Die böse Tenniszählweise

Eine zweite Sache: Im Tennis klingen Siege oder Niederlagen oft brutal. Ein 0:6, 1:6 braucht man sich selten schönreden, allerdings sind viele scheinbar glatte Niederlagen in absoluten Zahlen gar nicht so deutlich, wie sie klingen.

Ein kleines Gedankenspiel. Lassen wir Spieler A gegen Spieler B antreten. Im ersten Aufschlagspiel läuft es so: 15:0, 30:0, 30:15, 30:30, 40:30, Einstand, Vorteil A, Einstand, Vorteil A, Einstand, Vorteil A, Einstand, Vorteil A, Einstand, Vorteil A, Einstand, Vorteil B, Spiel B – 1:0.

A hat 8 Punkte gemacht, bei B waren es 10. Lassen wir die nächsten zwei Spiele ähnlich verlaufen, der Einfachheit halber genauso. Dann hat A insgesamt 24 Punkte gemacht, bei B waren es 30. Enge Kiste, oder? Nun ja, es steht 3:0 für B. Unser armer A hätte genauso gut keinen Punkt machen können. Willkommen in der Zählweise des Tennis!

Bei engen Matches kommt's auf die Big Points an

Auch ein 6:4, 6:4 klingt oft entspannter, als es in Wirklichkeit war. Nehmen wir an, bis zum 5:4 lief alles glatt, dann steht's 30:30. Macht Spieler B zwei Punkte, ist's weiter ausgeglichen (5:5). Zieht A plötzlich zwei Vorhände auf die Linie, ist der Satz weg (6:4).

Umgekehrt klingt ein 6:0, 6:1 oft klarer, als es in der Gesamtpunktzahl der Fall war. Gerne dreht sich diese in einem Bereich von 52:28 (der Verlierer hat bestimmt oft mal »15« oder »30« oder »Einstand« erreicht). Nur: Die Punkte, die er gemacht hat, tauchen am Ende nicht mehr auf (weil er's fast nie zum »Spiel« gebracht hat).

Es passiert nicht einmal besonders selten, dass der Gewinner eines Tennismatches weniger Punkte gemacht hat als der Verlierer. Bei einem 1:6, 7:6, 7:6 ist es sogar wahrscheinlich. Fazit: Gerade bei engen Spielen kommt es im Tennis auf die Big Points an. Bei einem Spielstand von 4:1, 40:0 ist es recht egal, ob mal eine Vorhand in die Prärie fliegt. Beim Stand von 6:5, 30:30 allerdings nicht. Hier unterscheidet sich der Spitzenspieler vom erweiterten Kreis, auf Profi- und Clubebene. Gute Spieler legen hier regelmäßig noch eine Schippe drauf. Vor allem vermeiden sie blödsinnige Aktionen.

Wie sieht's denn bei den Profis aus?

Craig O'Shannessy, der Datenguru im Profitennis, hat eine interessante Statistik ausgepackt.[2] Was glauben Sie, wie viele Punkte die Nummer eins bis zehn der Tenniswelt in einer Saison gewinnen (in Prozent)? Es waren im Jahr 2018 nur 52,79 Prozent! Das heißt: Die zehn besten Spieler der Welt haben 47,21 Prozent aller Punkte, die sie gespielt haben, verloren!

Noch mal in konkreten Zahlen, weil es so absurd klingt: Die besten zehn Tennisspieler der Welt haben im Schnitt von 100 ausgespielten Punkten nur 53 gemacht – und 47 verloren!

Der Jahresbeste, Novak Djokovic, hat dennoch 80 Prozent seiner Matches gewonnen. Und John Isner, der Weltranglistenzehnte 2018, immerhin 59 Prozent. Bei »nur« 53 Prozent an gewonnenen Punkten ist das eine starke Bilanz, die zeigt, wie wichtig die entscheidenden Punkte sind. Und wie sich die Topspieler vom Rest unterscheiden.[3]

Ein weiteres krasses Beispiel. Aufschlaggigant und Tiebreak-Liebhaber Ivo Karlovic beendete das Jahr 2016 auf Platz 20 der Welt. Er hat in diesem Jahr 57 Prozent seiner Matches gewonnen. Die Gesamtpunkteverteilung: 4.612 Punkte gewonnen und 4.611 Punkte verloren. Karlovic hat also die Hälfte seiner Punkte gewonnen und die Hälfte verloren, aber 57 Prozent seiner Matches für sich entschieden. So klein sind die Margen im Tennis, zumindest in einigermaßen engen Spielen.

Hinterlistiger Tipp: Sie können sich die Zählweise im Tennis zunutze machen, indem Sie lernen, mental neu anzufangen. Haben Sie in einem eigentlich engen Match den ersten Durchgang mit 1:6 verloren? Abschalten! Durchgang zwei beginnt wieder bei

---

2 https://tennishead.net/rafa-nadal-is-a-king-says-djokovics-strategy-analyst-as-he-reveals-how-to-deal-with-adversity/

3 Die Gewinn-/Verlustquote der Spieler dahinter: Platz 11 bis 20: 51,26 Prozent gewonnen. Platz 21 bis 30: 50,89 Prozent. Platz 31 bis 40: 50,35 Prozent. Platz 41 bis 50: 49,60 Prozent!

null. Es ist letztlich egal, ob es zuvor 1:6 oder 6:7 hieß, der Gesamtstand ist derselbe: Sie liegen einen Satz zurück.
Wichtig: Starten Sie Satz zwei hochkonzentriert! Denn oft lässt der Gewinner des ersten Satzes einen Moment lang nach, er verschnauft gedanklich kurz. Holen Sie sich konzentriert die frühe Führung in Satz zwei!

Tennis ist ein Spiel von Fehlern

»Du brauchst den Ball nur einmal mehr ins Feld spielen als der Gegner.« Das war die einfache Rechnung meines ehemaligen Trainers. Tennis auf den Punkt gebracht!

Natürlich wollen wir aber lieber die spektakulären Vorhände auf die Linie ziehen. Gerade in der heutigen Zeit unterliegen wir diesem Denkfehler, weil wir uns abends die Drei-Minuten-Highlights von Gael Monfils gegen Nick Kyrgios anschauen. Doch Tennis besteht in Wirklichkeit zum Großteil aus Fehlern: aus unerzwungenen (»Fehler ohne Not«) und erzwungenen (die leider in den Statistiken nur selten erfasst werden). Auch in einem Profimatch sind die Hot Shots eher selten. Aber die Highlight-Videos mit Fehlern zu füllen, wäre ja auch Quatsch.

Doch was glauben Sie, wie viel Prozent eines Tennismatches aus Gewinnschlägen und Fehlern bestehen? Die Quote lautet grob 30:70. (Es hängt natürlich auch vom Belag ab: Auf schnellen Plätzen gelingen einem mehr Winner als auf langsamen Sandplätzen.)

Machen Sie sich aber bewusst: Rund 70 Prozent der Gesamtpunkte gehen durch Fehler weg! Und im Vereinsbereich dürfte diese Quote noch um einiges höher liegen. Denken Sie daran, wenn Sie das nächste Mal einen riskanten Winner ansetzen wollen. Es macht mehr Sinn, etwas Geduld zu haben, den Punkt aufzubauen und den Gegner zu einem (erzwungenen) Fehler zu verleiten!

Hinterlistiger Tipp: Gehen Sie nicht mit der Einstellung ins Match, heute ein Feuerwerk abbrennen zu wollen. Das können Sie unter der Woche im Trainingsspielchen probieren. In der Medenrunde geht's ums Gewinnen oder Verlieren. Auf das »Wie« kommt es nicht an. Und lieber ein »hässlich« gewonnenes Match als ein »schön« verlorenes. Lassen Sie verdammt noch mal Ihren Gegner die Fehler machen!

Warum der alte Spruch »Flach spielen – hoch gewinnen« falsch ist

Wenn man darüber nachdenkt, was man auf einem Tennisplatz alles anstellen kann, kommen einem direkt zwei Dinge in den Kopf:

1. Man kann nach rechts oder links spielen.
2. Man kann kurz oder lang spielen.

Und wenn's um die Frage geht, ob man lieber hart oder locker spielt, wählen die meisten Spieler die »harte« Alternative.

Aber versetzen Sie sich gedanklich mal in die Lage, selbst einen harten Ball (in die Platzmitte gespielt) zurückspielen zu müssen. Oder einen eher hohen Ball (der Einfachheit halber auch in die Platzmitte gespielt). Na?

Beim harten Ball reicht es meist, den Schläger dranzuhalten und das gegnerische Tempo mitzunehmen. Beim hohen Ball muss hingegen etwas Bewegung her, um ihn nicht über der Schulter treffen zu müssen. Sie müssen ihn zudem früh als »hohen, langen Ball« erkennen und sich entsprechend nach hinten bewegen. Anders gesagt: Der hohe Ball ist eigentlich effektiver, wenngleich auch unspektakulärer.

Dennoch spielen die meisten Hobbyspieler nach dem Motto: »Je härter, je besser.« Dass sie zudem im Gegensatz zu Federer, Nadal und Co. nicht ganz so treffsicher sind, wenn sie das Risiko eines harten Balls eingehen, verdrängen sie gerne.

Auf die Länge kommt's an

Es ist ohnehin ein großer Irrtum im Vereinstennis: Die meisten Spieler glauben, dass sie durch mehr Härte eine gute Länge in ihre Schläge bekommen und dass das Netz am besten nur wenige Zentimeter überschritten werden sollte. Falsch! Flache Bälle sind oft zu kurz (oder bleiben gar im Netz hängen).

Versuchen Sie, anderthalb bis zwei Meter über das Netz zu spielen (mit Topspin!). Im Zweifel noch höher. Sie werden somit automatisch mehr Länge in Ihre Schläge kriegen. Und können auf den kurzen Ball Ihres Gegners lauern. Den dürfen Sie dann durchaus druckvoll wegmachen.

Hinterlistiger Tipp: Stellen Sie sich vor, das Netz wäre doppelt so hoch. Oder spannen Sie ein Absperrband in zwei Metern Höhe über dem Boden. Und spielen Sie drüber. Sie werden überrascht sein, dass Sie sofort mehr Länge im Schlag haben und Ihren Gegner schön nach hinten treiben.
Bonuseffekt: Auch Ihre Fehlerzahl wird sich drastisch verringern!

Tennis ist ein Spiel von Notfällen!

Das Problem im Training ist oft: Sie bekommen einen Ball nach dem anderen punktgenau angespielt, um eine perfekte Technik zu lernen. Das ist sinnvoll, aber hat seine Grenzen. Denn wie oft im Match kriegen Sie den Ball auf den Punkt, ohne Drall und in vorhersehbarer Geschwindigkeit zugespielt? So gut wie nie.

Machen Sie sich also bewusst, dass Sie im Match vor vielen Situationen stehen, die Sie so im Training nie geübt haben, durch die Sie aber trotzdem durchkommen müssen. Versuchen Sie keine Wunderdinge: Wie soll ein Rückhand-Topspin klappen, den Sie im Training aus dem Stand ab und zu hinbekommen, nun aber aus dem Lauf an einem am Netz lauernden Gegner vorbeispielen wollen? Die Chancen hierzu stehen vielleicht bei 1:20 –

also nicht gut. Daher möchte ich Ihnen an dieser Stelle ein paar grundlegende Tipps geben, wie Sie in bestimmten Situationen reagieren sollten. (Im Verlaufe des Buchs gehen wir auf viele Dinge genauer ein.)

» Greift Ihr Gegner Sie auf Ihrer schwächeren Seite an, versuchen Sie keinen Schlag, den Sie nicht können. Spielen Sie einen Lob. Oder doddeln Sie den Ball vor die Füße Ihres Gegners. So muss er einen tiefen Volley spielen und hierbei den Ball anheben – das gibt Ihnen für den nächsten Schlag meist genügend Zeit für einen kontrollierten Passierschlag.

» Entnervt Sie Ihr Gegner mit hohen Bällen auf die Rückhand? Seien Sie geduldig. Nerven Sie zurück und bleiben Sie einfach mit ebenfalls langen Rückschlägen im Ballwechsel, anstatt Kunststückchen zu versuchen. Oder drehen Sie den Spieß um, wenn Sie können – und nerven ihn als Erstes!

» Versuchen Sie keinesfalls, die harten ersten Aufschläge Ihres Gegners zurückzuschießen. Es ist normal, dass man sich beim ersten gegnerischen Aufschlag in der Defensive befindet. Versuchen Sie, in den Ballwechsel zu kommen, den Aufschlag lang zurückzubringen, um den Ballwechsel auf Null zu stellen. (Oder kurz in Richtung T zu returnieren, falls Ihr Gegner Serve-and-Volley spielt.)

» Variieren Sie Ihre Position auf dem Platz. Ist Ihr Gegner ein »Klopper« ohne Gefühl, verlagern Sie Ihre Normalposition ein bis zwei Schritte weiter nach hinten. So haben Sie mehr Zeit, auf seine Geschosse zu reagieren.

» Bewegen Sie sich! Der optimale Treffpunkt liegt zwischen Hüfte und Schulter, aber nur selten spielt der Gegner dorthin. Nicht der Ball kommt zu Ihnen – SIE müssen sich so zum Ball bewegen, dass Sie ihn in perfekter Höhe treffen können. Machen Sie sich immer wieder bewusst: Frühes Erkennen, wo und wie der Ball auf Ihrer Seite landen wird (Mit welcher Geschwindigkeit? Mit welchem Drall? In welcher Höhe?), ist das Entscheidende. Hierfür hilft alleine Matchpraxis, denn diese Situationen können Sie im Training nur schwer simulieren.

Sollten Sie sich diese Punkte immer wieder vergegenwärtigen, sind Sie schon einen guten Schritt weiter, ein besserer Spieler zu werden – ohne technischen Input. Ein paar genauere Ideen, wie Sie Ihr Matchspiel verbessern, versuche ich Ihnen in den folgenden Kapiteln zu geben.

Hören Sie auf Brad Gilbert!

Brad Gilbert ist ein bemerkenswerter Mann. Er galt als Tennisspieler, der technisch nicht besonders viel drauf hatte. Andre Agassi schrieb einst: »Wenn ich der klassische Versager bin, dann ist Brad der perfekte Hochstapler. Anstatt seine Gegner zu übertrumpfen, frustriert er sie und nutzt ihre Schwächen aus.« John McEnroe beschimpfte Gilbert mit den Worten, er (Gilbert) verdiene es nicht, mit ihm (McEnroe) auf einem Platz zu stehen.

Gilbert hatte vielleicht nicht die besten Schläge der Tour, dafür aber eine höchst wirksame Waffe: seinen Verstand und eine gute Beobachtungsgabe. Er hatte sich früh ein kleines schwarzes Büchlein zugelegt, in dem er sich Notizen über seine Gegner machte, die er stets im Vorfeld beobachtete. Dann legte er sich einen Plan zurecht, wie er gegen sie spielen wollte. Ergebnis: Gilbert brachte es bis auf Platz 4 im ATP-Ranking.

Brad Gilbert machte nach seiner aktiven Karriere noch mehr von sich reden. Er hatte zu Spielzeiten bereits ein Buch geschrieben, *Winning Ugly* – vielleicht kennen Sie es. Ansonsten schauen Sie mal rein, es steht nicht umsonst regelmäßig in den Top 3 der meistverkauften Tennisbücher.

Gilbert bekam 1994 das Angebot von Andre Agassi, dessen Coach zu werden. Agassi und Gilbert trafen sich hierzu am Rande des ATP-Turniers in Key Biscayne zu einem Abendessen, und Agassi bat Gilbert (damals noch aktiver Profi) um eine Analyse seiner Mängel als Tennisspieler. Die ganze Szenerie hat Agassi am Ende seiner Laufbahn in seiner Autobiografie *Open* aufgezeichnet. Es sind völlig absurde fünf Seiten, die damit beginnen, dass Gilbert nicht draußen sitzen kann (wegen »Manny Moskito«) und sein Lieblingsbier (»Bud Ice«) noch rasch im Supermarkt um die Ecke kauft, um es im Restaurant zu zischen.

Als Gilbert ein halbes Glas intus hatte, sollte er Agassis Spiel beurteilen und hielt einen 15-minütigen Monolog. Über Agassis Mängel als Tennisspieler, die größtenteils auch diejenigen des gemeinen Freizeitspielers sind.

Die Kernaussagen des Brad-Gilbert-Monologs

» Hören Sie auf, immer perfekt spielen zu wollen. Versuchen Sie nicht, mit jedem Ball einen Winner zu schlagen.
» Der Typ auf der anderen Seite des Netzes hat auch Schwächen. Greifen Sie sie an!
» Sie müssen nicht jedes Mal der Beste der Welt sein, Sie müssen nur besser als Ihr Gegner sein.
» Denken Sie nicht immer, dass Sie gewinnen müssen. Lassen Sie Ihren Gegner verlieren.
» Es geht immer um Chancen und Prozente. Wenn Sie versuchen, mit jedem Schlag den perfekten Ball zu schlagen, stehen die Chancen gegen Sie. Weil Sie zu viel Risiko eingehen.
» Spielen Sie hin und her. Beständig, wie die Schwerkraft.
» Man spielt vielleicht ein, zwei Tage im Jahr perfekt, aber das macht keinen guten Tennisspieler aus. Es sind die anderen Tage!

Hinterlistiger (Lese-)Tipp:

» *Winning Ugly* von Brad Gilbert
» *Open* von Andre Agassi. Die Brad-Gilbert-Geschichte beginnt auf Seite 281.

Das Wissen um den Platz

Machen Sie sich mit den Außenumständen vertraut

»Ach Gott, die Bälle springen aber hoch!«

Ich habe diesen Satz von Kollegin A. bei ihrem ersten Medenrundeneinsatz noch genau im Ohr. A. stand auf dem Hauptplatz und schlug sich ein – mit neuen Bällen.

Wir sind ein kleiner Verein und sparen, wo wir können. Einen Eimer mit neuen Trainingsbällen hatten wir uns bis dato nie geleistet, wir trainierten stets mit den Medenrundenbällen des Vorjahres, entsprechend schlecht waren sie nach fast einem Jahr. Und so sehr ich meine Spielerinnen auch bat, beim privaten Spielchen vor der Saisoneröffnung eine neue Dose Bälle zu verwenden, meist stieß ich auf taube Ohren.

A. stand also auf dem Platz, bei ihrem ersten Einsatz, natürlich nervös, und natürlich viel zu nah an der Grundlinie für die viel zu hoch abspringenden (neuen!) Bälle. Wir haben, so gut es ging, Schadensbegrenzung betrieben, aber nach der Niederlage machte auch ich als Trainer mir Vorwürfe. Und schlage seither aus der Vereinskasse zumindest einen Eimer neuer Trainingsbälle vor Beginn der Medenrunde heraus.

Was das für Sie bedeutet? Einiges. Denn vieles kann man am Medenrundenspieltag nicht beeinflussen: das Wetter, die Stärke des Gegners, die eigene Tagesform und Nervosität, die Qualität des Kuchens des gastgebenden Vereins … Andere Sachen haben Sie jedoch selbst in der Hand!

Kontrollieren Sie, was Sie kontrollieren können!

Bälle: Welche Ballmarke gespielt wird, legt der jeweilige Verband jährlich fest. Und Bälle sind nicht gleich Bälle. Viele unterscheiden sich minimal in Größe, Gewicht, an der Art des Filzes, am Absprung. Trainieren Sie vor Medenrundenbeginn unbedingt mit der Sorte, die Sie im Match spielen werden! (Ja, ich weiß: Die Preise für Medenrundenbälle sind absurd. Im Zweifel trainieren Sie die Wochen zuvor zumindest mit irgendwelchen neuen Bällen.)

Schläger/Besaitung: Die Saiten Ihrer Keule sind seit Jahren nicht mehr gerissen? Erwarten Sie dafür an dieser Stelle bitte kein Kompliment. Und gönnen Sie Ihrem Schläger (und Ihrem Arm) zumindest ein- oder zweimal pro Saison eine neue Bespannung. Die alte Faustregel: So oft man pro Woche spielt, so häufig pro Jahr sollte man neu bespannen.

Verpflegung: Besonders bei Auswärtsspielen ist es oft eine große Wundertüte, was zum Snack aufgetischt wird. Verlassen Sie sich nicht drauf – und eine Sahnetorte nach Satz eins ist nicht die beste Voraussetzung für einen erfolgreichen Satz zwei. Packen Sie sich Ihren eigenen Snack zusammen!

Plan A: Gehen Sie mit dem klaren Wissen um Ihre Stärken und Schwächen ins Match. Hinterfragen Sie sich, wie SIE spielen wollen, wenn es Ihr Gegner zulässt.

Plan B: Klappt das nicht – weil Ihre Tagesform schlecht oder Ihr Gegner zu gut ist –, brauchen Sie einen Plan B. Tipps hierfür finden Sie in diesem Buch.

Hinterlistiger Tipp: Schlagen Sie bei Heimspielen schon ein paar (neue!) Bälle, bevor Ihre Gegner auf der Anlage aufkreuzen. Reisen Sie auch zu Auswärtsspielen etwas früher an, um ein paar Schläge mit Ihren Kollegen zu machen. So haben Sie sich mit den aktuellen Außenumständen bereits vertraut gemacht. Das »echte« Einspielen mit dem Gegner können Sie dann gerne kurz halten …

Schönes Wetterchen heute

Kennen Sie das? Man freut sich die gesamte Woche auf den Medenspieltag – und dann ist Petrus plötzlich ganz schlecht drauf. Regen, Regen, Regen, schon die ganze Woche, und fürs Wochenende sieht die Lage auch nicht besser aus, egal welche Wetter-App man auch anschaut.

Hat man Glück, ist die Lage am Sonntagfrüh zumindest Grau in Grau und der Platzwart gibt die Plätze frei. Wirkliches Tenniswetter mag das nicht sein, aber es ist eine große Chance, sich ein paar Gedanken über das anstehende Match zu machen.

Denn Regen verändert die Bedingungen. Wind auch. Oder Schnee. Okay, im letzteren Fall wird vermutlich abgesagt. Aber schauen wir uns den Platz mal bei nassen Verhältnissen an.

Nasse Plätze = langsame Plätze

Wenn's die ganze Woche geregnet hat, sind die Plätze feucht, auch wenn sonntags die Sonne scheint.

Angenommen, Sie spielen hohes Risiko, flache, schnelle Bälle: Diese werden durch die Feuchtigkeit langsamer, die Bälle (Filz!!!) plustern sich auf, das Tempo kommt nicht auf der anderen Seite an. Sie werden somit Probleme bekommen, den schnellen Punkt zu machen, denn Ihr Gegner hat mehr Zeit, Ihre Schläge zu erlaufen. Wenn er geschickt ist, ärgert er Sie zudem mit fiesen Slice-Bällen, auf die sich ohnehin nur schwierig Tempo machen lässt.

Oder haben Sie ein sehr topspinlastiges Spiel à la Rafael Nadal? Auch dann bekommen Sie Schwierigkeiten. Denn die Bälle (Filz!!!) nehmen die Feuchtigkeit auf, sie springen nicht mehr so hoch ab, schon gar nicht auf nassem Sand. Folge: Der Topspin, der Ihrem Gegner an heißen Tagen über die Schulter springt, landet plötzlich kurz im Feld und kommt angenehm in Hüfthöhe an. Und von dort aus kann Ihr Gegner selbst bei nassen Verhältnissen schön Druck machen.

Anders gesagt: Sie müssen umstellen, mehr Geduld aufbringen.

Das Gute: Ihr Gegner muss das auch!

Umstellen – aber wie?

Wenn's nass ist, sollten Sie sich näher an der Grundlinie platzieren als sonst. Denn die Bälle springen flacher und langsamer ab. Sie landen kürzer bei Ihnen, als es normalerweise der Fall wäre. Würden Sie, wie vielleicht gewohnt, einen halben Schritt hinter der Grundlinie lauern, kämen vermehrt tiefe Bälle bei Ihnen an, die Sie anheben müssen. Das ist schlecht. Rücken Sie also ein, zwei Schritte auf.

Das hat übrigens noch einen Grund: Der Stopp ist bei feuchten Plätzen fieser. Denn der Ball springt weniger hoch ab. Und wenn Sie ohnehin näher an der Grundlinie stehen, also auch schneller im Feld sind, ist ein Stopp leichter zu spielen als sonst. Setzen Sie ihn vermehrt ein!

Apropos Stopp: Der Topspin verliert bei nassen Bedingungen seine Wirkung, nicht aber der Slice. Haben Sie ihn im Repertoire, zeigen Sie ihn nicht nur, wenn Sie einen Stopp spielen wollen. Auch mit einem langen Slice (oder mal absichtlich auf die T-Linie gesetzt) können Sie Ihren Gegner ärgern, denn der muss nun tief runter. Und steht er, wie an sonnigen Tagen gewohnt, einen Schritt hinter der Grundlinie (weil er nicht nachdenkt), sind Sie klar im Vorteil. Mit einer schönen Kombination aus langem und kurzem Slice oder Stopp können Sie ihn fortwährend in Unsicherheit wiegen, denn die Ausholbewegung ist ja stets dieselbe.

Vom Winde verweht

Auch wenn Sturm Harry sein Unwesen treibt, spielt keiner gerne Tennis. Derjenige, der sich vorher ein paar Gedanken macht, tut es zumindest etwas erfolgreicher.

Haben Sie Rückenwind (und Ihr Gegner Gegenwind): Dann sollten Sie ebenfalls etwas an die Linie aufrücken – die Chance, dass die Bälle Ihres Gegners »stehen bleiben«, ist hoch. Würden Sie zu weit hinten warten, wären Sie auch dann jedes Mal spät dran. Rücken Sie auf und übernehmen Sie die Initiative! Aber Achtung: Nicht zu wild ballern – der Rückenwind macht Ihre Kugeln noch schneller. Und zu schnell landet gerne im Aus. Nehmen Sie mehr Topspin in Ihren Schlag, der lässt den Ball kontrolliert auf der Gegenseite ins Feld sinken (und dank des Rückenwindes noch fieser für Ihren Gegner abspringen). Vorsicht hingegen beim Slice: Mit Rückenwind segelt er gerne zu lang. Wagen Sie sich auch ans Netz, wenn die Chance da ist: Die Bälle Ihres Gegners kommen ja langsamer für Sie an, Sie haben also mehr Zeit zum Reagieren!

Haben Sie Gegenwind (und Ihr Gegner Rückenwind): Dann müssen Sie mehr leisten, mehr Kraft für weniger Ertrag. Versuchen Sie irgendwie, auf eine gute Länge zu kommen. Vorsicht aber beim Topspin: Der landet gerne zu kurz. Testen Sie auch mal einen flachen Slice, kürzer als üblich. Ihr Gegner muss dann noch mehr aufrücken und wird womöglich verleitet, draufzuballern. Da er Rückenwind hat, fliegt sein Ball dann gerne ins Aus. (Wenn er jedoch geschickt angreift und souverän wegvolliert, lassen Sie es bitte bleiben.)

Hinterlistiger Tipp: Ist es nass UND windig? Herzlichen Glückwunsch, wenn Sie Gefühl in der Hand haben. Denn dann können Sie diese tödliche Kombination für sich nutzen – mit dem Stopp. Haben Sie Gegenwind, pustet ihn dieser im Zweifel zu Ihnen zurück, er macht ihn für Ihren Gegner also noch kürzer. Wenn Sie bei Gegenwind den Slice geschickt einsetzen, können Sie Ihren Gegner mit teils langen Bällen und geschickten Stopps komplett entnerven.

Die drei Elemente des Tennis

Höhe

Viele Spieler glauben, dass ein hoher Ball schlecht ist. Was ein Quatsch! Ein hoher Ball, der zu kurz ankommt und den Ihr Gegner direkt zum Punkt verwandeln kann, ist schlecht. Ein langer hoher Ball ist toll!

Machen Sie sich kurz selbst bewusst, wo Sie den Ball am liebsten treffen. Richtig, im Bereich der Hüfte bis Schulter. Tiefer ist blöd (man muss den

Ball anheben und gibt dem Gegner die Möglichkeit, Druck auszuüben); hoch ist noch blöder, denn über der Schulter einen technisch korrekten Schlag hinzubekommen, ist nicht möglich.

Treiben Sie Ihren Gegner mit hohen Bällen (gerne mit Topspin!) zurück oder zwingen Sie ihn, den Ball ungünstig zu treffen. Und wenn Sie ein Könner sind: Mischen Sie mit flachen Bällen (mit dem Slice). So geben Sie Ihrem Gegner keinen Rhythmus.

Länge

Länge ist ebenfalls wichtig. Nur so hindern Sie Ihren Gegner daran, in die Offensive zu kommen. Muss er den Ball hinter der Grundlinie treffen, kann er Sie nur schwer vom Platz schießen. Versuchen Sie zu Beginn des Spiels ein Gefühl dafür zu bekommen, wie lang Sie spielen können, ohne direkt an die Grundlinie zu zielen.

Um eine anständige Länge hinzubekommen, hilft übrigens eine anständige Höhe!

Richtung

Natürlich will man am liebsten in die Ecken des Platzes spielen. Das ist gut, vor allem, wenn Ihr Gegner eine erkennbar schwächere Seite hat. Aber: Hüten Sie sich davor, zu nah an die Linien zu gehen. Versuchen Sie auch hier zu Beginn des Spiels nicht zu viel.

Grundsätzlich gibt es sieben Ziele, die Sie anspielen sollten:

» die langen Vorhand- und Rückhandecken,
» die Vorhand- und Rückhandecken des T-Feldes (mit viel Topspin oder flach via Slice),
» die kurzen Vorhand- und Rückhandseiten für den Stopp,
» und: das T – falls Ihr Gegner ans Netz aufgerückt ist. Denn dann spielen Sie ihm erst mal schön vor die Füße, um ihn zu einem angehobenen Schlag zu zwingen, also einem defensiven. Danach können Sie ihn passieren.

Hinterlistiger Tipp: Auch ein lang gespielter Ball in die Platzmitte ist nicht so verkehrt, wie viele denken. Denn jeder Schlag in die Ecke gibt dem Gegner einen guten Winkel zum Kontern – ein langer mittig gespielter Ball tut das nicht. Ihr Gegner muss dem Ball zudem aus dem Weg gehen, sich gut zu einer möglichen Vorhand stellen. Schafft er das nicht, kommt oft ein kurzer Ball heraus – gut für Sie!

Spielen Sie dahin, wo Ihr Gegner nicht ist

Es ist die vielleicht einfachste Taktik im Tennis.

Konkret: Machen Sie sich noch mal die oben genannten sieben Ziele eines Tennisplatzes bewusst. Und versuchen Sie, diese anzuspielen, ganz stabil, ohne zu nah an die Linien zu zielen.

Der Roger-Federer-Trick

Falls Sie über einen guten Topspin oder Slice verfügen, ist übrigens die bereits erwähnte T-Feld-Ecke ein wunderbares und oft unterschätztes Ziel.

Warum? Mit dem Topspin treiben Sie den Gegner aus dem Feld, er muss nach außen UND nach vorne laufen (fällt vielen schwer!) und steht dann im Niemandsland.

Auch mit dem Slice kommen viele Spieler nicht klar; wird er absichtlich kurz und flach gespielt, kommt selten etwas Sinnvolles zurück und der Gegner steht recht irritiert im Feld. Für Sie die Chance, mit dem nächsten Ball in die Offensive zu gehen – eine Taktik, die Roger Federer gerne anwendet.

Wichtig beim »Kurz-cross-Schlag«: Üben Sie ihn. Mit wenig Aufwand kann hier eine feine Taktik fürs Match rausspringen.

Hinterlistiger Tipp: Trainieren Sie auch den Kurz-cross-Return! Weisen Sie Ihren Trainingspartner an, zweite Aufschläge nach außen zu spielen und returnieren Sie mit viel Topspin oder mit einem kurzen Slice cross zurück. Klappt es? Wunderbar! Spielen Sie einen Kurz-Satz bis 11 Punkte. Vorgabe: Ihr Partner verfügt nur über einen zweiten Aufschlag und muss nach außen servieren. Überraschen Sie ihn mit abwechselnden Returns, mal lang longline, mal kurz cross. Spielen Sie danach den Punkt aus.

Beachten Sie die »D-N-O«-Theorie

Dieser Begriff stammt nicht von mir, sondern vom großen Tennistrainer Peter Burwash. Der Kanadier hat mit *Peter Burwash International* eine der bekanntesten Tennisschulen ins Leben gerufen, ich selbst habe sie als Kind und Jugendlicher dreimal begeistert durchlaufen. Und habe sein Begleitbuch noch heute regelmäßig in der Hand. Burwash konzentriert sich damit auf Freizeitspieler, die Spielverständnis lernen sollen und Dinge umsetzen, weil sie sie verstehen – nicht, weil der Trainer sie eben sagt.

Die »D-N-O«-Theorie ist ein wesentlicher Bestandteil bei Burwash. Denn sie verlangt, dass man als Spieler erkennt, in welcher Position man steckt: in einer defensiven Position? In einer neutralen? Oder in einer offensiven?

Das Wissen hierum ist wichtig. Und der Umgang damit!

Beispiel: Mein Gegner hat mich mit einem starken Vorhandschlag auf die Rückhandseite getrieben. Er ist also am Drücker, in der Offensive (O). Ich hingegen muss reagieren, bin in der Defensive (D). Kein schöner Gedanke. Natürlich würde ich mich liebend gerne mit einem Rückhand-Longline-Brett befreien, wie ich es neulich bei Stan Wawrinka gesehen habe. Sollte es mir gelingen, wäre ich wohl direkt in der Offensive angelangt und mein Gegner in der Defensive. Aber so läuft das Leben nicht. Mein Rückhand-

Longline-Brett aus dem Lauf? Kommt zwei Mal im Jahr ins Feld, meist in Trainingsspielchen. Ansonsten landet es weit im Aus. Es wäre also eine dumme Idee.

Schlauer ist es, die neutrale Position (N) zu suchen. Das Ziel aus der Defensive heraus muss es sein, den Gegner (O) und sich selbst (D) in eine gleichwertige Lage zu bringen. Beispielsweise mit einem langen hohen Ball auf seine Rückhand, die er hinter der Grundlinie schlagen muss. So gewinnt man Zeit, um wieder in die Mitte zu rücken, wenn er schlägt. Und kann womöglich mit der nächsten Vorhand die Sache umdrehen und in eine offensive Position gelangen (O). Und diese womöglich bis zum Punktgewinn beibehalten, sollte der Gegner einen aussichtslosen Schuss wagen (der Depp). Sucht er ebenfalls die Neutralisation (der Fuchs), geht das Spielchen von vorne los.

Sie sehen: Ein Umschalten von (D) auf (O) sollte nur über die Neutralisation laufen (N), nie direkt.

Wer ist im Ballwechsel am Drücker?

Wichtig ist also das Wissen um Ihre Lage im Ballwechsel, um den schrittweisen Übergang zu versuchen.

» Befinden Sie sich in der Defensive, sollten Sie den Alles-oder-nichts-Schlag vermeiden. Kämpfen Sie sich zunächst in die neutrale Lage zurück.
» Ist der Ballwechsel auf neutral, sollten Sie versuchen, in die Offensive zu kommen.
» Sind Sie in der Offensive, sollten Sie versuchen, dort zu bleiben – und bei Gelegenheit (bei einem kurzen Ball des Gegners oder per Volley) zu punkten.

Was, wenn der Gegner ans Netz kommt?

Stürmt Ihr Gegner nach einem offensiven Schlag nach vorne, ist ein hoher Ball nicht immer sinnvoll. Zumindest, wenn der Gegner über einen vernünftigen Schmetterball verfügt. Wie aber können Sie hier einen neutralen Ball schlagen? Überlegen Sie mal kurz …

Trabt Ihr Gegner ans Netz, sollten Sie nicht direkt einen riskanten Passierball ansetzen, wenn es die Situation und Ihr Schlagrepertoire nicht hergeben. Ein sanfter Slice oder sicherer Topspin, der kurz hinterm Netz herunterfällt, bringt mehr: Ihr Gegner muss den Ball unter der Netzkante spielen, ihn also mit offener Schlagfläche anheben. Seine offensive Position (er hatte auf einen Ball über Netzkante gehofft, den er hätte wegdrücken können) ist dahin. Und Sie können mit dem nächsten Schlag einen entspannten (und nicht zu riskanten) Passierschlag ansetzen.

Hinterlistiger Tipp: Der sanfte Ball hinters Netz ist natürlich nur dann sinnvoll, wenn Ihr Gegner etwas schwerfällig ist und nicht weit genug aufrückt. Sollte er quasi mit dem Bauch am Netz stehen, ist ein Lob die Lösung. Beobachten Sie also aus dem Augenwinkel, wie nah Ihr Gegner ans Netz kommt. Bleibt er an der T-Linie stehen, doddeln Sie ihm vor die Füße. Rückt er (zu) nah ans Netz auf, versuchen Sie Ihr Glück mit dem Lob – und rücken Sie dann selbst ans Netz!

Finden Sie die Mitte des Platzes

Nun habe ich eine mathematische Sensation für Sie. Denn die Mitte des Platzes ist nicht immer dort, wo der kleine Mittelstrich eingegraben ist. Oft ist sie einen Schritt weiter links. Oder rechts.

Wir müssen uns zunächst begreiflich machen, wo man in welcher Situation auf dem Tennisplatz steht. Denn der berühmte Satz „Nach dem Schlag immer wieder zurück in die Mitte“ stimmt nur so halb.

Mitte ist nicht gleich Mitte

Stellen Sie sich vor, Sie treiben Ihren Gegner mit einer herrlichen Vorhand cross weit aus seinem Feld. Wo positionieren Sie sich dann für Ihren nächsten Schlag? Schließen Sie kurz die Augen und stellen Sie sich die Situation bildhaft vor. Schauen Sie sich Ihren wunderbaren Vorhandschlag an, wie er auf der Gegenseite aufspringt und den Gegner aus dem Feld treibt ... Aber halt, bloß nicht zu lange schauen, Sie müssen ja zurück!

Nur wohin?

a) in Richtung Mittelstrich?
b) leicht versetzt auf Ihre Rückhandseite?
c) leicht versetzt auf Ihre Vorhandseite?

Überlegen Sie gut. Und lassen Sie in Ihre Überlegungen einfließen, wo Ihr Gegner seine Vorhand spielen muss und wohin er Sie aus seiner Position schicken könnte. Welche beiden extremsten Bälle kann er Ihnen liefern?

Richtig ist: Antwort c) leicht versetzt auf Ihre Vorhandseite. Denn: Der eine extreme Ball, den Ihr Gegner Ihnen liefern kann, wäre eine Vorhand longline auf Ihre Rückhand – Ihr Gegner hat hierfür allerdings keinen Winkel zur Verfügung, um Sie links aus dem Feld zu treiben. Im Gegenteil: Sie haben ihn mit Ihrer Vorhand cross aus seinem Feld geschickt, er muss einen möglichen Longline-Schlag fast etwas »ins Feld zurück« spielen. Sie würden ihn vermutlich noch vor dem Erreichen Ihres Doppelfelds annehmen können.

Der andere mögliche Extremball seinerseits ist eine Vorhand cross, womöglich mit Topspin in Richtung Ihres Vorhand-T-Feld-Ecks. Er würde Sie damit ziemlich weit nach rechts treiben, vielleicht sogar außerhalb Ihres Doppelfelds. Sie müssen also in der Mitte der beiden Extreme warten: leicht rechts von der Platzmitte versetzt.

Lesen Sie die vergangenen Zeilen nochmal. Schließen Sie kurz die Augen und stellen Sie sich die Situation wirklich bildhaft vor!

Das ganze Spielchen gilt natürlich auch umgekehrt: Bringen Sie Ihren Gegner mit einem guten Schlag dazu, die Rückhand weit in seiner Rückhandecke zu schlagen, warten Sie auf seinen Rückschlag leicht links versetzt. (Schließen Sie erneut die Augen und stellen Sie sich auch diese Situation vor.)

Am Netz sieht's genau umgekehrt aus

Jetzt wird's noch komplizierter (oder auch nicht ...): Nehmen wir der Einfachheit halber wieder obige Situation. Sie haben Ihren Gegner – diesmal mit einem Angriffsball – aus dessen Vorhandseite rausgetrieben und sich am Netz positioniert. Nur wo?

a) genau mittig

b) leicht versetzt auf Ihrer Rückhandseite?

c) leicht versetzt auf Ihrer Vorhandseite?

Diesmal stimmt Antwort b).

Wir stellen uns die Situation wieder bildlich vor. Und denken wieder an die beiden extremsten Bälle, die Ihr Gegner zurückschlagen kann. Da ist wiederum die Vorhand longline. Und die Vorhand extrem cross. Bei der Vorhand longline ändert sich nicht viel: Ihr Gegner hat keinen Winkel, er muss einen recht geraden Schlag ansetzen.

Beim Cross-Ball sieht es jedoch anders aus. Den Winkel, der Sie an der Grundlinie nach außen treiben würde, verhindern Sie ja, indem Sie am Netz positioniert sind und den Volley nehmen, bevor der Ball immer weiter cross fliegt. Sie fangen einen Cross-Ball sozusagen ab, bevor er Sie weit nach draußen treiben kann. (Einen Ball, den Sie in Ihrem Vorhanddoppelfeld spielen müssten, kann Ihnen aus dieser Situation niemand liefern. Es sei denn, er ist Zauberer.)

Merken Sie es sich am besten so: Wollen Sie nach vorne ans Netz, gehen Sie mit Ihrem Ball seitlich mit (etwas, nicht zu viel). Greifen Sie auf die Rückhand an (ist ja meist sinnvoller), platzieren Sie sich also etwas rechts der Mitte.

Hinterlistiger Tipp: Ganz wichtig beim Weg ans Netz ist es auch, dass Sie nicht auf der T-Linie stehen bleiben. Sie müssen möglichst zur idealen Volleyposition aufrücken, also genau zwischen Netz und T-Linie. Warum? Darauf gehen wir in »Am Netz machen Sie sich das Leben einfacher« (S. 60) ein.

Das Wissen um Ihre Fähigkeiten (und Ihre Schwächen)

Machen Sie sich klar, was Sie können – und was nicht

Das Problem vieler Menschen ist eine mangelnde Selbsteinschätzung. Im Leben – und auf dem Tennisplatz. Man will präsentieren, angeben, zur-Schau-stellen. Dabei ist es so wichtig, das Wissen um sich und sein Können. Oder besser: das Wissen um sich und sein Nichtkönnen. Wie vielen Heimwerkern hätte es geholfen, einzusehen, dass sie das Bad lieber vom Fachmann hätten kacheln lassen sollen, anstatt mit den bescheidenen Kenntnissen einer Folge *Hör' mal, wer da hämmert* selbst Hand anzulegen.

Wichtig: die gesunde Selbsteinschätzung

Auf dem Tennisplatz sieht es ähnlich aus. Da werden Rückhände angesetzt, die selbst Dominic Thiem blass aussehen lassen würden. Wie gesagt: angesetzt. Die Kugel landet, im Gegensatz zu der von Thiem, dann doch meist im Zaun.

Im Training ist das ja alles schön und gut, aber wenn's ernst wird, sollte man die Kenntnis um das eigene Spielvermögen realistisch einschätzen. Ihre Vorhand ist gut? Na großartig! Ach, und Ihre Rückhand nicht so? Ihr zweiter Aufschlag ein Witz? Und den Volley hat Ihnen nur Grundlagen-Coach Rudi Mentär beigebracht?

Herzlichen Glückwunsch zu dieser Selbsteinschätzung, damit sind Sie vielen Spielern voraus. Und wenn Sie entsprechend im Match mit Ihren Stärken und Schwächen umgehen, ebenso.

Wissen um die eigenen Schläge

Die Sache ist die: Sie brauchen nicht alle Schläge in Perfektion zu beherrschen. Oder anders gesagt: Würden Sie das tun, wären Sie wohl ein paar Klassen höher am Start. Wichtig ist, dass Sie umsetzen, was Sie können. Bedeutet beim oben beschriebenen Spieler:

» Versuchen Sie so oft es geht, Ihre Vorhand einzusetzen und damit Druck aufzubauen.

» Spielen Sie Ihre Rückhand sicher – Sie müssen damit ja nicht punkten, vermeiden Sie aber, dass der Gegner es tut. Spielen Sie also lang und stabil.

» Schießen Sie die ersten Aufschläge nicht so wild, wenn neun von zehn im Aus landen und Sie dann neunmal den schwachen zweiten Aufschlag bringen müssen. Setzen Sie auf eine höhere Quote beim ersten Service.

» Folgen Sie nur guten Angriffsbällen ans Netz, um den defensiven Schlag Ihres Gegners mit Ihrem rudimentären Volley zu beenden, und vermeiden Sie Kunststückchen à la Benoit Paire.

Wie sieht's bei Ihnen aus?

Das kann ich gut, das sollte ich im Spiel verstärkt einsetzen:

....

....

....

....

....

Das kann ich nicht ganz so gut, daher sollte ich Folgendes tun:

....

....

....

....

....

Hinterlistiger Tipp: Sollte Ihr Gegenüber im Gegensatz zu Ihnen ein heißblütiger Jungspund sein, der spektakulär (und äußerst selten) punktet? Dann machen Sie ihm doch mal Mut. Loben Sie die eingesprungene Rückhand auf die Linie, die beim Einspielen einmal kam. Gut möglich, dass er Ihnen seine Tricks auch im Match präsentieren wird.

Finden Sie Ihr PHT heraus – Ihr persönliches höchstes Tempo

Es ist ein häufig zu beobachtendes Phänomen. Man sitzt auf der Clubanlage und schaut sich halb interessiert ein Match der heimischen Nummer 1 gegen die auswärtige an. Heimspieler H. hält sich scheinbar gut: Man erblickt den einen oder anderen starken Ballwechsel (H. verliert ihn nur knapp), die eine oder andere Harakiri-Aktion (H. schießt aus defensiver Position eine Rückhand in den Zaun), den einen oder anderen Ballwechsel, den H. schneller als gewöhnlich abgibt (H. macht einen unnötigen Fehler).

Ab und an, äußerst selten jedoch, kommt der spektakuläre Punktgewinn: H. trifft zwei Vorhände in Folge und schießt tatsächlich auch noch eine Rückhand ins leere Feld hinterher (statt sie nur reinzulegen). Applaus brandet auf, es folgen Rufe wie: »Super, weiter so, das schaffst du noch!«

H. spielt schneller als er kann

Jedem einigermaßen realistischen Tennisbeobachter ist jedoch klar: Nein, das schafft H. nicht. Und nicht nur aus dem Grund, dass er bereits 1:6, 0:4 zurückliegt. H. hat keine Chance, auch nicht, wenn er den einen oder anderen spektakulären Punkt macht. Weil er die meisten anderen unspektakulären verliert. Und im Tennis geht's letztlich um die unspektakulären Punkte.

Das Problem von H.: Er spielt schneller als er kann. Das zweite Problem: Er will genau das nicht einsehen. H. hat schließlich mit dem neuen Coach für teuer Geld seine Technik auf den neuesten Stand gebracht (der Aufschlag von H. ist technisch eine Augenweide!), und im Club wird er genau hierfür geschätzt. Zur Krönung hat sich H. zwei neue Schläger zugelegt, passend dazu eine brandneue und äußerst schicke Schlägertasche. Sein altes Spiel, die Kugel auf Sicherheit ins Feld schieben, kann er alleine aus diesen Gründen nicht mehr präsentieren.

Dabei wäre genau das richtig. Denn H. hat ein Problem: Er spielt ein höheres Tempo als er kann. Höher als sein PHT – sein persönliches höchstes Tempo. Und über das PHT wird viel zu wenig gesprochen.

Was ist das PHT?

Machen Sie im Training den Test und finden Sie Ihr PHT heraus. Spielen Sie mit einem guten Partner und versuchen Sie, zehn Bälle mit ordentlicher Länge zurückzuspielen, ohne einen Fehler zu machen. Klappt?

Ja: Gut! Steigern Sie das Tempo ein wenig und versuchen Sie dasselbe.

Nein: Dann haben Sie Ihr PHT überschritten. Reduzieren Sie das Tempo bitte. Denken Sie im Zweifel auch an etwas mehr Topspin.

Sobald Sie Ihre zehn Bälle dauerhaft schaffen, haben Sie Ihr PHT ermittelt.

Spielen Sie Ihr PHT – oder weniger

Gratulation an dieser Stelle: Sie wissen nun, wie hoch Ihr PHT ist und haben damit 99 Prozent aller Clubspieler etwas voraus. Die gute Nachricht: Treffen Sie auf einen Gegner, der ein niedrigeres PHT als Sie spielt, ist das toll. Sie brauchen nicht mal Ihr PHT zu spielen, sondern können womöglich eine Stufe runtergehen und Ihre Fehleranzahl noch weiter reduzieren. Schalten Sie nur im Notfall auf Ihre höchste Stufe, in anderen Fällen reicht es, den Gegner die Fehler machen zu lassen (indem er ein Tempo spielt, das zu hoch für ihn ist).

Hüten Sie sich vor der Verlockung, ein höheres Tempo als Ihr PHT zu spielen: Sie werden sonst ein Match verlieren, das Sie nicht verlieren brauchen! Denn auch hier gilt die alte Regel: Man muss nicht besser spielen als alle anderen, man muss nur besser spielen als der heutige Gegner. (Und man kann sein PHT ja im Laufe der Jahre steigern.)

Gegner mit höherem PHT

Was aber, wenn der Gegner ein höheres PHT hat? Hier gilt es, bloß nicht zu versuchen, das gegnerische PHT mitzugehen! Sie würden, von einigen schönen Punktgewinnen abgesehen, im gesamten Match untergehen. Wie unser armer H.

Gegnern mit höherem PHT müssen Sie anders kommen. Variieren Sie. Spielen Sie hässlich. Beobachten Sie Ihren Gegner: Will er vielleicht eine Show abziehen und ein noch höheres Tempo spielen als er kann (und das er gegen Sie gar nicht braucht)? Testen Sie, ob Ihr Gegner womöglich nur auf der Vorhand ein höheres Tempo spielt (und es auf der Rückhand versucht, obwohl er es nicht kann). Der Vorteil für Sie: Gegen einen Gegner mit höherem PHT sind Sie der Underdog, Sie können somit nur gewinnen. Und tun das vielleicht tatsächlich, wenn Sie schlau spielen! (Vielleicht hilft Ihnen ja der eine oder andere Tipp aus diesem Buch.)

Hinterlistiger Tipp: Viele Gegner lassen sich schnell beeindrucken. Das kann man ausnutzen. Haben Sie einen Gegner gezogen, der ein ähnliches PHT spielt wie Sie? Dann machen Sie beim Einspielen ab und an etwas mehr Dampf mit Ihrem Paradeschlag – gut möglich, dass Ihr Gegner meint, im Match direkt aufdrehen zu müssen.

Das Wissen um Ihren Gegner

Sie kennen Ihren Gegner nicht? Dann nutzen Sie die Einspielzeit gut aus

Viele Spieler laufen sich warm, sie dehnen sich, sie meditieren. Aber wenn die ersten Bälle geschlagen werden, sind sie mit den Gedanken überhaupt nicht bei der Sache. Sie glauben, das Match starte erst in einigen Minuten. Falsch! Bereits eine gut durchdachte Einspielzeit bringt viele Vorteile.

Welcher Einspieltyp sind Sie?

Ich bin derjenige, der erst mal versucht, Länge in die Schläge zu bekommen, den richtigen Drall, das gute Gefühl. Roger Federer geht es übrigens genauso. Beobachten Sie mal, wie wenig sich Federer beim Einspielen bewegt und wie viel er probiert – vor allem, wenn Sie die Gelegenheit haben, ihn mal live beim Training zu sehen (schauen Sie ansonsten einfach auf YouTube).

Wir alle aber kennen auch den Kollegen, der sich beim Aufschläge-Einspielen die Schulter ruiniert hat, weil er bereits beim ersten Versuch draufgekloppt hat wie blöd. Nehmen Sie's leicht und fangen Sie behutsam an.

Natürlich gibt es auch die Sportsfreunde, die recht schnell in die Vollen gehen. Rafael Nadal zum Beispiel. Da wird im Training oder den fünf Minuten vorm Match nicht herumprobiert – da kommt direkt Dampf auf die Kugel. Finden Sie selbst heraus, welcher Typ Sie sind.

Diese Hinweise sollten Sie sich holen!

Einspielen ist aber noch mehr als der Blick auf sich selbst. Denn die fünf Minuten (in Medenspielen hat man ja mehr Zeit) verraten gut, mit wem man es zu tun bekommt.

Ein paar Checkpunkte:

» Ist der Gegner Rechts- oder Linkshänder? Es gab schon Spieler, die erst nach ihrem Match herausgefunden haben, dass ihr Kontrahent ein Leftie war (»Ach, deswegen war die Vorhand so stark!«)

» Schlägt Ihr Gegner mit der Vor- oder Rückhand, wenn Sie einen Ball in die Mitte spielen? Nimmt er die Vorhand, könnte es ein Hinweis sein, dass die Rückhand nicht die stärkste ist. Nehmen Sie sich vor, zum Matchbeginn verstärkt seine Rückhand zu bespielen!

» Natürlich spielt man sich beim Einspielen die Bälle möglichst gut zu. Aber: Testen Sie hin und wieder, wie Ihr Gegner mit einem hohen Ball auf die Rückhand klarkommt. Läuft er zurück und spielt Topspin oder nimmt er den Slice? Kriegt er das seitliche Zurücklaufen überhaupt geregelt oder fliegt er dabei fast auf die Schnauze? Was macht er mit einem zu kurz geratenen Ball – erkennt er ihn früh oder zu spät, und wie geschmeidig geht er ihm entgegen? Nutzen Sie diese Infos im Match!

» Trainiert Ihr Gegner keine Volleys und Schmetterbälle? Dann bestimmt nicht, weil er das nicht nötig hat, sondern weil er unsicher ist und Ihnen das nicht schon jetzt verraten will. Holen Sie ihn im Match mit kurzen und flachen Bällen nach vorne! Wichtig: Sie müssen vermutlich keinen perfekten (und damit riskanten) Passierball spielen, lassen Sie ihn erst mal einen normalen Volley vorführen. Oder geben Sie ihm direkt den Lob, am liebsten noch, wenn die Sonne scheint.

Hinterlistiger Tipp: Achten Sie vor der Aufschlag- bzw. Seitenwahl auch auf die Einspielversuche ihres Gegners beim Aufschlag: Zimmert er drauf wie blöd (und trifft nur wenig), nehmen Sie Rückschlag. Ein frühes Break eicht schon mal gerne. Ansonsten schlagen Sie zunächst auf, ganz entspannt und im Zweifel erst mal platziert auf die Rückhand.

Ihr Gegner ist ein alter Bekannter? Dann überlegen Sie, was beim vergangenen Mal richtig oder falsch lief

Ein Match gegen einen alten Kumpel, Rivalen oder sonstigen Bekannten ist immer etwas Besonderes. Oft ist man nervös: Denn gegen jemanden, dem man ständig über den Weg läuft, will man ungern verlieren. Gehen wir die einzelnen Typen mal durch.

Ein Gegner, den Sie meist schlagen

Ja, herrlich! Dann haben Sie »seine Nummer«, wie man so schön sagt. Wichtig: Werden Sie nicht übermütig; versuchen Sie nicht, ihn vorzuführen. Aber seien Sie auch nicht ängstlich beim Gedanken »Den schlage ich immer, aber auch heute?«.

Ihr Gegner hat den Vorteil, dass er frei aufspielen kann, er hat schließlich nichts zu verlieren. Sollte er diesmal einen Sahnetag erwischen, bleiben Sie ruhig und denken Sie nach, womit Sie ihm sonst den Zahn gezogen haben. Ein durchweg höheres Niveau, als er es normalerweise spielen kann, wird er kaum über das gesamte Match hinweg halten. Machen Sie sich also auf einen Einbruch gefasst und spielen Sie Ihr Spiel. Sollte Ihr Gegner nämlich einbrechen, wird er sich hiervon nur schwer erholen – die Chance, gegen Sie endlich zu gewinnen, wird er nun als vergeben ansehen.

Ein Gegner, der Sie meist schlägt

Hier haben wir die umgekehrte Situation. Sie können frei aufspielen, während Ihr Gegner den Druck hat, Sie auch dieses Mal besiegen zu müssen.

Wichtig: Überlegen Sie im Vorfeld, warum Sie immer verlieren. (Wenn er gleich drei Stufen besser spielt – okay; aber wir sprechen mal über einen Gegner, der gar nicht sooo viel besser ist als Sie.)

Ändern Sie etwas. Aber nicht zu viel! Wichtig ist, dass Sie einen guten Start hinlegen. Dann wird Ihr Gegner ins Grübeln kommen und mehr Risiko suchen. Dann heißt es: dranbleiben, Fehler reduzieren. Mal schauen, ob er mit dem Druck umgehen kann.

Ein Gegner, der Ihnen ebenbürtig ist

Sie kennen sich in- und auswendig, mal gewinnt der eine, mal der andere? Cool! Ein spannendes Spiel liegt vor Ihnen.

Überlegen Sie, wann Sie erfolgreich waren und wann nicht. Wann Sie Ihr Spiel durchsetzen konnten? Wann Ihr Gegner sein Spiel durchgesetzt hat und Sie kein Gegenmittel parat hatten?

Wichtig: Geben Sie alles für einen guten Start. Dann wird Ihr Gegner derjenige sein, der als Erster etwas ändern wird – vielleicht ja zu viel?

Hinterlistiger Tipp: Sollten Sie früh in Rückstand geraten, bleiben Sie ruhig. Überlegen Sie: Liegt es an Ihnen, spielen Sie etwa schlecht? Oder hat Ihr Gegner einen Traumstart erwischt? Bei Ersterem: Reduzieren Sie das Risiko, nehmen Sie Tempo raus, spielen Sie mit mehr Drall. Und wenn's an Ihrem Gegner liegt: Werden Sie nicht zu nervös, aus Erfahrung spielt kaum ein Spieler durchweg über seinem Niveau. Und wenn Sie einen Rückstand egalisiert haben, ist es Ihr Gegner, der sich nun fragen wird, was plötzlich falsch läuft.

Psychologie vor dem Start

Conquest of Paradise – motiviert ins Match!

Haben Sie einen guten Musikgeschmack? Herzlichen Glückwunsch an dieser Stelle. Aber, und jetzt bitte ehrlich: Gibt es da nicht diesen einen Song, der Ihnen stets gute Laune bereitet, egal wie schlecht der bisherige Tag gelaufen ist? Nein? Kommen Sie … Okay, ich mache mal den Anfang: Bei mir bringt David Hasselhoff stets Licht ins Dunkel. Nicht mal *Looking for Freedom*, für die wirklich gute Laune sind *Crazy for you* und *Everybody Sunshine* besser. Ich glaube, das lege ich jetzt mal auf.

Breite Auswahl

So, ich bin wieder da. Ist der heutige Tag nicht herrlich? Aber zurück zum Tennis. Sie haben bestimmt schon Fotos von Serena Williams, Naomi Osaka oder Nick Kyrgios vor einem Match gesehen – mit Kopfhörern auf den Ohren. Man weiß nicht so recht, was die Herrschaften hören (vermutlich kein Hasselhoff, aber wer weiß das schon sicher). Es ist auch egal. Es wird schon passen.

Schade ist, dass es im Tennis keinen Einmarsch wie beim Boxen oder Darts gibt, wo jeder seine eigene Musik hat. Die große Dartslegende Phil »The Power« Taylor marschierte immer mit *The Power* von Snap ans Board, »Barney« Raymond van Barneveld mit *Eye of the Tiger* von Survivor.

Der Gentleman-Boxer mit eiserner Bilanz

Mein Favorit, wenn es um den gelungenen Einmarsch geht, ist und bleibt aber Henry Maske. Mit *Conquest of Paradise*, dieser Hymne von Vangelis, kämpfte sich der »Gentleman-Boxer« in den 1990er-Jahren in die Herzen seiner Fans.

Ich habe ebenfalls irgendwann angefangen, den Maske-Song auf der Autofahrt zum Club zu hören, schön laut, am so ruhigen und besonderen Sonntagmorgen im Mai. Herrlich! Meine Spielbilanz habe ich nicht im Kopf, aber gefühlt hat Vangelis geholfen. Zumindest bin ich beim Einmarsch auf den Platz gefühlt doppelt so groß und breit vorwegmarschiert – Selbstvertrauen zeigen vor dem Match ist schließlich nie verkehrt –, und wenn man sich dank seines Lieblingssongs in diesem Moment tatsächlich so selbstbewusst fühlt wie sonst nie, ist man klar im Vorteil.

Der Soundtrack für Gewinner

90er-Jahre-Songs eignen sich am besten für gute Laune und positive Stimmung vor dem Match, das haben Umfragen im Umfeld und weitreichende Lebenserfahrung klar bestätigt. Es gibt daran keinen Zweifel, auch wenn Sie der Kollege mit dem angeblich guten Musikgeschmack stets verunsichern und Ihnen moderndes, anstrengendes Zeug andrehen will. Vergessen Sie's.

Eine gewinnbringende Playlist für den Medenspieltag sollte sich – neben den Hassel-Hits – aus *There is a Party* von DJ Bobo, *Coco Jamboo* von Mr. President, *I'm Always Here* von Jimi Jamison, *Joyride* von Roxette und *Beautiful Life* von Ace of Base zusammensetzen.

Es empfiehlt sich, *Conquest of Paradise* für die Einfahrt aufs Clubgelände als finalen Song zu timen.

Hinterlistiger Tipp: Vergessen Sie Ihren guten Musikgeschmack, hauen Sie sich die Nummer rein, die Sie auf dem Selbstbewusstseinslevel um drei Stufen nach oben schießt – und wenn es Helene Fischer ist ... Aber Achtung: Bitte nicht verwechseln mit Spaßmusik. Es bringt Ihnen wenig, wenn Sie den großartigen Helge Schneider hören, aber danach dämlich grinsend auf den Platz laufen und von Ihrem Gegner schon vor Matchbeginn nicht ernst genommen werden.

Visualisieren Sie sich als Spieler Ihrer Wahl

Ach, was wäre es schön, wenn man sich einfach den perfekten Spieler zusammenstellen könnte. Ich würde nehmen: den Aufschlag von Roger Federer, die Vorhand von Juan Martin del Potro, die Rückhand von Stan Wawrinka, den Volley von Stefan Edberg, den Touch von John McEnroe und die Haare von Patrick Rafter … aber so leicht ist's ja nicht. Und die Idee, die eigene Technik und Frisur einem seiner Vorbilder anzupassen, ist ebenfalls problematisch.

Traum und Realität

Mein Kollege McSlice ist ein großartiger Spieler. Er ist groß, fast zwei Meter, spielt eine klassische Rückhand und einen besseren Slice als Ashleigh Barty. Seine Vorhand hingegen ist … nun ja … nennen wir sie gewöhnungsbedürftig.

McSlice holt weit aus, aber beinahe mit einem Rückhandgriff (so sieht es zumindest aus, er hält den Schläger sehr weit offen). Er trifft recht spät, und Vorwärtsdrall ist für ihn ein Fremdwort. Tatsächlich erzählte er mir mal, er würde sich einbilden, eine technisch ähnliche Vorhand wie Roger Federer zu schlagen. (McSlice ist ein guter Mensch, und ich bin es auch, also habe ich geschwiegen. Im Rahmen einer Videoaufzeichnung musste er jedoch Jahre später von seiner Einbildung ernüchtert Abstand nehmen.)

Spontan wechseln

Dennoch ist der Gedanke, sich Inspiration von einem Profi zu holen, gut. Es muss ja nicht gleich das Extrem wie bei Rafael Nadal sein (da würde man wohl die eigenen Schnürsenkel treffen). Es sind oft möglicherweise nur Kleinigkeiten, die man tatsächlich an »seiner« Federer-Vorhand im Vergleich zur Delpo-Vorhand ändert – vielleicht spielt man mit etwas mehr Spin, aber genau das kann entscheidend sein. Versuchen Sie's mal!

Und, ganz wichtig: Ändern Sie Ihre Vorstellung auch mal während des Matches, wenn es nicht läuft. Vielleicht sind Sie an einem Tag eben mehr der Anke-Huber-Typ, mit der kurzen Ausholbewegung, oder, wenn Sie aggressiv wenig treffen, der Typ Patrick Rafter, mit mehr Spin (und vielleicht dem ein oder anderen Netzabschluss).

Hinterlistiger Tipp: Schauen Sie sich vor Ihrem Spiel ein kurzes Video des Schlages Ihres Lieblingsspielers an, dem Sie heute nacheifern wollen. Oft versetzt einen das in die perfekte Stimmung. Noch besser: Laden Sie sich den entsprechenden Clip aufs Handy, so haben Sie ihn immer griffbereit!

Brust raus!

Kollege F. aus meiner alten Mannschaft war ein denkwürdiger Zeitgenosse. F. hatte einen tollen Aufschlag und die beste einhändige Rückhand im Club. Er scheute sich auch nicht davor, ans Netz zu gehen.

Ein Bild, das mir von F. jedoch am meisten im Gedächtnis geblieben ist: sein Einmarsch. F. war kein Bodybuilder, im Gegenteil. Dennoch lief F. stets mit einer solch breiten Brust auf den Court, dass man denken konnte, er habe das wunderbare Tennisspiel überhaupt erst erfunden.

F. lief nicht, er marschierte.

F. kam nicht, er erschien.

Es hätte nur noch jemand gefehlt, der F. die Schlägertasche auf den Platz getragen hätte. Eigentlich eine Weltidee: dem Kollegen die Tasche tragen – der Gegner würde wohl vermuten, er bekomme es gleich mit einem Profi zu tun.

Zurück zu F. Konnte man diesen Spieler auf Clubebene überhaupt besiegen, werden Sie sich nun fragen. Antwort: Ja. Denn um seine Ausdauer stand es nicht zum Besten. Eine überlieferte Geschichte besagt, dass F. einst nach gewonnenem ersten, aber verlorenem zweiten Satz erschöpft an den Zaun getrabt war und Mannschaftsführer T. mit den Worten überrascht hatte: »Soll ich *(hechel)* … den dritten Satz *(hüstel)* … noch spielen *(schnauf)* … oder mich *(stöhn)* … aufs Doppel konzentrieren?«

Zeigen Sie die Medaille

F. spielte den dritten Satz angeblich noch (er verlor ihn glatt), war im Doppel aber zumindest wieder bei Sinnen und gewann. Seine Drei-Satz-Bilanz im Einzel? Verschweigen wir an dieser Stelle lieber.

Umso wichtiger für F. war es somit, einen guten Start hinzulegen, den ersten Satz zu gewinnen. Und den zweiten am besten auch. Eine unbeabsichtigte Taktik hierbei: F.s beeindruckende Brust, mit der er auf den Platz marschierte, als wolle er eine (nicht vorhandene) Medaille präsentieren. Vor allem gegen Jungspunde hat das oft gewirkt: F. ging meist schnell in Führung, bevor die Gegner merkten, dass der scheinbar übermächtige F. auch ein paar Schwächen hatte, vor allem konditionell. Für die meisten Gegner war es dann allerdings schon zu spät.

Hinterlistiger Tipp: Machen Sie vor dem Match ein paar Liegestütze. Das bringt vielleicht optisch nur wenig (wenn Sie ansonsten darauf verzichten), Ihre Körperhaltung wird sich jedoch beim Einmarsch auf den Platz deutlich verbessern. Und das kann auf mentaler Ebene schon mal für einen guten Start sorgen.

Der Beginn des Spiels

Lassen Sie Ihren Gegner die ersten Fehler machen (und auch die Fehler danach)

Es gibt diese Typen, die gleich zu Beginn zeigen wollen, wo der Hammer hängt. Viele Tennisspieler befinden sich schon beim Einspielen im Matchmodus und probieren Schläge aus, die selten ein wirkliches Einspielen zulassen. Gut für Sie! Denn diese Kollegen beginnen meist auch das Match »volle Pulle«. Und das ist selten erfolgreich.

Ein Spiel langsam zu beginnen, ist hingegen in vielerlei Hinsicht richtig. Zum einen sind die Muskeln und Gelenke noch nicht warm, trotz Einspielzeit. Wenn ein Match beginnt, verkrampft man automatisch etwas – und hier gleich die Brechstange auspacken? Bitte nicht.

Achten Sie zu Beginn darauf, Länge (gerne durch Höhe, also Topspin!) in Ihre Bälle zu bekommen und lassen Sie Ihren Gegner mal machen. Schießt er direkt, ist das meist ein Vorteil für Sie. Hält er die Kugel ebenfalls erst mal im Spiel, ist das ebenso gut, so können Sie locker ins Match starten und Ihre Erkundungsreise, wie er denn so tickt, fortsetzen. Das gilt auch für den Aufschlag: Nur sehr selten servieren die Profis gleich zu Beginn mit vollem Tempo, auch hier gilt es, die Schulter erst mal locker zu machen.

Der Rhythmus ist das A und O: Und wenn Sie ihn nicht zu Beginn eines Matches bekommen, wird es im Laufe der Begegnung immer schwieriger.

Hinterlistiger Tipp: Wenn Sie merken, dass Ihr Gegner zu wild ist, füttern Sie ihn. Geben Sie ihm zu Beginn ein paar Vorhände, die nur scheinbar einfach sind. Also recht hohe und langsame, aber doch recht lange Bälle. Viele Spieler wittern aus dieser Position die Gelegenheit, direkt zu punkten. Und wenn Ihr Gegner seinen besten Schlag zwei oder drei Mal verzieht, wird es eine Weile dauern, bis er wieder Zutrauen bekommt!

Bleiben Sie ruhig, wenn Sie keine Kugel treffen

Ich habe zu Beginn dieses Kapitels eine gute und eine schlechte Nachricht.

Fangen wir mit der guten an: Sie werden an zwei oder drei Tagen im Jahr tolles Tennis spielen. Die Vorhand wird sitzen und, jetzt kommt's: sogar die Rückhand! Sie werden auf wundersame Weise einige traumhafte Volleys spielen und gar einen unerreichbaren Stopp. Ihre Mannschaftskollegen werden womöglich darüber nachdenken, Sie im kommenden Jahr etwas höher zu platzieren. Im Radio läuft, just in dem Moment, in dem Sie in Ihren Wagen steigen, Ihr Lieblingssong. Darüber hinaus schenkt Ihnen auf der Heimfahrt eine wunderhübsche junge Dame / ein wunderhübscher junger Mann ein Lächeln, das Sie nie mehr vergessen werden. Sie werden tatsächlich denken: »Wow, ist das Leben schön!«

Kommen wir zur schlechten Nachricht. An den übrigen Tagen werden Sie größtenteils mittelmäßiges Tennis spielen, an manchen Tagen spielen Sie gar GROTTENSCHLECHT! Die Bälle werden Ihnen beim Treffpunkt so schwer wie Medizinbälle vorkommen, Sie werden entdecken, dass Rahmenbälle höllisch im Arm schmerzen, die Sonne nervt beim Aufschlag und windig ist es auch noch, kurioserweise immer auf der Seite, auf der Sie gerade spielen. Ihr Gegner ist ein Angeber mit dem neuesten Schlägermodell und einer üppigen Frisur, und Sie beschäftigt im Hinterkopf seit dem ersten Punkt die Frage, ob Sie nicht daheim die Herdplatte angelassen haben. Es läuft schlichtweg nichts zusammen, Sie haben kein Glück und dann kommt noch Pech dazu.

Die zwei Möglichkeiten

Sie stehen nun vor zwei Alternativen.

Möglichkeit 1: Sie können schießen, schimpfen und Ihren Schläger malträtieren, gerne auch die eine oder andere Kugel in die Prärie donnern. Ihr Vorteil: Sie sind dann meist unter einer Stunde vom Platz runter und brauchen keine Gespräche führen – in Ihrer Verfassung machen Kollegen und Gegner gerne einen großen Bogen um Sie. Die Lobeshymnen, wie souverän Ihr Gegner das Spiel durchgespielt hat, wie er konzentriert geblieben ist und dass er einfach der mental stärkere Spieler war – die bekommen Sie so auch nicht mit. Auch nicht den Anblick, wie er sich im Glanze seines souveränen Sieges ein Stück Kuchen nach dem anderen gönnt.

Möglichkeit 2: Sie reißen sich verdammt noch mal zusammen!

Verändern Sie etwas – irgendwas!

Die traurige Gewissheit eines jeden Spielers ist, dass der Traumtag ein Singular ist. Traumtage gibt es meist nur im Traum. Sie spielen also zum Großteil Ihrer Karriere »so mittelgut«, manchmal eben auch »mittelschlecht«. Und manchmal eben auch ganz schlecht. Den Profis geht das übrigens auch so, auf einem anderen Niveau, versteht sich.

Statt die einfache Alternative zu wählen und sich Ihrem Schicksal zu ergeben, können Sie nun eines tun: Ihr Spiel umstellen – und kämpfen. Und: den Gegner schlechter machen. Hier sind einige Tipps:

» Ihre druckvolle Vorhand kommt nicht? Okay – spielen Sie auf Nummer sicher, mit mehr Topspin oder Slice. Konzentrieren Sie sich darauf, keine Fehler zu machen, anstatt zu versuchen, Winner zu schlagen.
» Wenn Sie an einem Tag kein Gefühl für Raum, Platz und Ball haben – okay. Versuchen Sie, dieses Manko durch Körpereinsatz auszugleichen. Vergessen Sie Ihr aggressives Spiel, graben Sie einen Ball nach dem anderen aus und zwingen Sie Ihren Gegner zu einem, zu zwei, zu drei Schlägen mehr. Er wird so auch mehr Fehler begehen.
» Versetzen Sie sich in eine mentale Zen-Verfassung. Nachdem Sie genug geschimpft und gemotzt haben, werden Sie komplett ruhig. Testen Sie

sich: Wie »in sich ruhend« können Sie die nächsten Punkte spielen? Auch das wird Ihren Gegner, der sich gerade noch über Ihre Ausraster gefreut hat, irritieren. »Wieso bleibt er jetzt so ruhig und schiebt mir eine Kugel nach der anderen hierher?«, wird er sich fragen – und sich ein neues Spielkonzept überlegen müssen.

Der Doddler

Ein ganz unangenehmer Gegner ist »der Doddler«: Er schiebt oft technisch fragwürdig, aber seelenruhig die Kugel rüber, man kriegt null Tempo von ihm. Und ist geneigt, selbst viel zu früh draufzuziehen – seine langen, scheinbar tempolosen Bälle verführen dazu. Großer Fehler! Gegen den Doddler müssen sie den Punkt extrem gut aufbauen. Kontrolliert offensiv, immer und immer wieder, bis er endlich mal zu kurz wird. Dann können Sie erst auf den Punkt gehen oder den Volley oder Smash wegmachen!

Hinterlistiger Tipp: Nachdem Sie sich abreagiert haben und bevor Sie in die »Ich-bleib-jetzt-komplett-ruhig-Kämpferphase« kommen, suchen Sie sich ein paar Notizblätter in Ihrer Tasche zusammen und tun Sie so, als würden Sie sie eindringlich studieren. Schaffen Sie danach die Umstellung, komplett ruhig zu bleiben, wird Ihr Gegner glauben, Sie haben einen perfekten schriftlichen Plan D in der Tasche. Vor Neid wird er bei den nächsten eigenen Fehlern explodieren!

Denken Sie an den Drall!

Machen wir uns mal bewusst, welche Möglichkeiten es gibt, damit der Ball überhaupt im gegnerischen Feld landet.

» Zum einen ist da die Schwerkraft.

» Zum anderen gibt es den Drall.

Fangen wir mit der Schwerkraft an. Vor allem Anfänger machen sie sich zunutze. Spielt ein Anfänger zu viele Bälle ins Aus, ist er geneigt, seinen Schlag etwas vorsichtiger auszuführen oder die Schwungbewegung mittendrin abzubrechen. Der Sinn: Der Ball soll kürzer werden, also im Feld landen. Der Nachteil: Für den Gegner ist solch ein Schlag meist gefundenes Fressen.

Statt der Schwerkraft nutzen fortgeschrittene Spieler den Drall. Und mit Drall meine ich in diesem Fall den Vorwärtsdrall – den Topspin. Der Schlägerschwung ist also mehr ein Bürsten, der Ball wird »eingewickelt«.

Top, dieser Spin!

Der Topspin ist eine geniale Erfindung. Warum? Nun, zum einen sorgt der Bogen der Ballflugkurve dafür, dass Sie weniger Bälle ins Netz schießen. Zum anderen senkt sich der Ball im gegnerischen Feld auf wundersame Weise wieder, es landen also auch weniger Bälle im Aus.

Anders gesagt: Mit einem guten Topspin ist es kaum möglich, Fehler zu machen.

Schauen Sie sich dafür mal Ballwechsel der Profis an, gerne auf YouTube. Am besten unter Verwendung der Suchbegriffe »Court Level«. Denn hier sieht man viel deutlicher, welchen Bogen über das Netz die Schläge der Könner haben (von der üblichen Kameraeinstellung oben ist das kaum erkennbar).

Wichtig im Amateurbereich ist vor allem der Gedanke, dass Sie, um Kontrolle in den Schlag zu bekommen, nicht darauf zurückgreifen sollten, sanfter oder fester zu spielen. Oder, noch schlimmer: die Schlagbewegung vorm Ausschwung zu stoppen (um den Ball bloß nicht ins Aus zu schießen). Vertrauen Sie dem Topspin. Speziell, wenn Sie im Match zu viele Fehler machen. *Vorsichtiger* schlagen bringt Sie hier nur selten weiter. Geben Sie der Kugel einfach etwas mehr Drall mit auf den Weg.

Im Training sollten Sie auf Dauer sogar versuchen, den Schläger voll durchzuziehen. Theoretisch dürfen Sie so schnell zuschlagen, wie Sie nur können – mit viel Topspin bleibt der Ball im Feld. (Es stellt sich wohl nur die Frage, wie lange Sie das kräftemäßig durchhalten.) Das Tempo des Balles kontrollieren Könner fast alleine durch die Menge an Topspin, die sie in den Schlag legen. Je mehr Topspin, umso mehr Drall und somit Sicherheit kriegen Sie in Ihren Schlag!

Hinterlistiger Tipp: Wenn man den Topspin lernt, sind Rahmentreffer völlig normal. Der Schläger schwingt ja von unten nach oben, die Schlagfläche wird sozusagen »kleiner«. Trifft man etwas zu früh oder zu spät, ist schnell der Rahmen im Spiel. Aber das ist meist nicht schlimm. Durch den Rahmen kriegt der Ball einen ganz speziellen »Extra-Drall« mit, meist fliegt er hoch weg, senkt sich aber im anderen Feld wieder – und springt für den Gegner ziemlich unangenehm ab.

Wer macht gerade was mit wem?

Ist es Ihnen schon mal passiert, dass Sie ein Match gespielt haben – und erst danach gemerkt haben, dass Ihr Gegner ein Linkshänder war? Falls nicht: Sie kennen bestimmt jemanden, dem es schon einmal so ging.

Die Geschichte vom unerkannten Linkshänder ist ein schönes Beispiel dafür, dass man auf dem Platz zu sehr mit allem beschäftigt ist: Was muss ich noch mal beim Slice-Aufschlag beachten? Wie ging doch gleich die Rückhand? Wieso trägt mein Gegenüber ein Kleid mit Blümchenmuster? Aber das Wesentliche wird vergessen. »Wer macht gerade was mit wem?« – das ist die Frage, die Sie sich im Laufe des Matches immer wieder stellen sollten.

Werden Sie beispielsweise von der Vorhand Ihres Gegners vom Platz geschossen und wollen bereits kapitulieren, aber merken nicht, dass Ihr Gegner über keine brauchbare Rückhand verfügt, haben Sie etwas verpasst. Ebenso, wenn Sie nicht merken, dass Ihr Gegner keinen Volley beherrscht – oder überhaupt äußerste Schwierigkeiten hat, einen kurzen Ball frühzeitig zu erkennen und ans Netz zu laufen.

Ein paar Gedanken, wer was mit wem macht

Machen Sie mit Ihrem Gegner gerade, was Sie wollen – herzlichen Glückwunsch, dann weiter so! Es sei denn, Ihr Gegner merkt, was los ist, und ändert seine Taktik.

Im Falle jedoch, dass Sie Probleme haben und nicht wissen, wieso: Fragen Sie sich, was Ihr Gegner gerade mit Ihnen macht. Und suchen Sie eine Lösung.

» Treibt Ihr Gegner Sie mit schnellen Bällen von einer Ecke in die andere? Dann kontern Sie mit hohen und langen Schlägen. (Wer weiß, ob er in der Rückwärtsbewegung immer noch so stark ist? Sein Spiel umstellen muss er auf jeden Fall, sonst wird er mehr und mehr Fehler begehen.)

» Hat Ihr Gegner einen starken ersten Aufschlag, mit dem er Sie immer wieder überrascht, variieren Sie Ihre Warteposition. (Bieten Sie ihm zum Beispiel ein Stück mehr von Ihrer Vorhandseite an – so muss er nun den kleiner gewordenen Bereich treffen, um Sie auf Ihrer Rückhand zu kriegen.)

» Überrascht Ihr Gegner Sie mit Stopps? Dann spielen Sie mit mehr Länge und Höhe – so wird ein Stopp für ihn deutlich unangenehmer und für Sie früher erkennbar.

» Rückt Ihr Gegner immer souverän ans Netz auf und versenkt Ihre schwachen Rückhand-Passierbälle? Probieren Sie es mit Lobs, speziell um die Mittagszeit, wenn die Sonne hoch steht. (Achten Sie selbst darauf, wann Sie in die Sonne schauen müssen – und bieten Sie Ihrem Gegner nach dem Seitenwechsel hohe Bälle in genau dieser Position an! Außer, er ist Linkshänder.)

» Ist Ihr Gegner zwei Meter groß oder eher einssechzig? Ist er groß, bieten Sie ihm flache, gerne auch mal flache und kurze Bälle an. Ist er klein, versuchen Sie es mit langen hohen Topspin-Schlägen.

» Manchmal hilft auch der Zufall: Entdecken Sie, dass Ihr Gegner mit einem bestimmten Schlag, an den Sie gar nicht gedacht haben, nicht klarkommt, nutzen Sie dies aus! (Hat er zum Beispiel Probleme, einen Rückhandschlag im Vorwärtslaufen zu spielen, locken Sie Ihn genau so nach vorne – und passieren ihn dann.)

» Hat er generell Probleme mit der Rückhand, halten Sie ihn dort. Kriegt er sie zumindest stabil ins Feld, testen Sie die Rückhand aus der Not heraus: Spielen Sie ihm also erst mal einen weiten Ball auf die Vorhand und setzen seinen Konter auf die Rückhand, die er aus dem Lauf schlagen muss. Wenn Sie mutig sind, rücken Sie hierbei ans Netz auf: Meist folgt ein harmloser Passierversuch – oder ein wilder Schuss in den Zaun.

Das alles waren nur einige Beispiele. Schließen Sie doch kurz die Augen und stellen Sie sich weitere Spielsituationen vor – und finden Sie Lösungen, die SIE auch umsetzen können! Machen Sie sich bewusst, welche Stärken und Schwächen SIE selbst haben!

Fassen Sie einen Plan, wie Sie am liebsten spielen würden, wenn Sie könnten – und einen Plan B, falls Sie einen schlechten Tag erwischen (bloß nicht zu lange einen vergeblichen Plan A versuchen!). Das Wissen um die eigenen Stärken und Schwächen und das Erkennen, was der Gegner kann und was auf dem Platz vor sich geht: Es ist das A und O im Match!

Hinterlistiger Tipp: Haken Sie ein Match nicht direkt ab. Setzen Sie sich hin und denken drüber nach: Warum habe ich gewonnen oder verloren – wer hat was mit wem gemacht? Versuchen Sie, zwei oder drei Schlüsse zu ziehen und Vorsätze zu fassen, was Sie das nächste Mal genauso oder anders und besser machen wollen.

Jetzt wird's ernst

Neutralisieren Sie den ersten Aufschlag Ihres Gegners

Haben Sie es manchmal satt, gegen Leute anzutreten, die einen guten ersten Aufschlag haben – während Ihr Service gerade mal ein besserer Einwurf ist? Ich kenne das Gefühl. Aber machen Sie sich keine Sorgen. Ein Blick auf die Profis zeigt: Man kann auch mit einem guten Return vorne mitspielen und gewinnen!

Beim Return auf einen ersten Aufschlag des Gegners, gilt es, sich vor allem über eine Sache bewusst zu werden. Ja, es ist toll, wenn man einen 180-km/h-Aufschlag mit fast demselben Tempo ins gegnerische Feld returnieren kann. Aber wenn einem dies bei lediglich einem von zehn Aufschlägen gelingt, ist es nicht sehr wahrscheinlich, dass man am Ende als Sieger vom Platz geht. Außer man schießt den Gegner k. o.

Nein, gegen gute Aufschläger geht es um etwas anderes. Es geht darum, wieder in den Ballwechsel zu kommen und den Vorteil, den sich der Gewaltaufschläger durch seinen Gewaltaufschlag verschafft, zu neutralisieren.

Returnieren wie Andre Agassi? Lieber wie Novak Djokovic!

Andre Agassi haftete lange Zeit das Prädikat »bester Returnspieler« an. Agassi jedoch war nicht berühmt dafür, übermäßig viele Returns ins gegnerische Feld zurückzubringen. Agassi returnierte riskant und dank seiner guten Auge-Hand-Koordination gelang ihm dies oft erfolgreich. Bei seinem Wimbledon-Sieg 1992 gegen Goran Ivanisevic musste Agassi dennoch 37 Asse in Kauf nehmen, eine persönliche Bestleistung Ivanisevics zu dieser Zeit. Jedoch setzte Agassi seinen aufschlagstarken Kontrahenten insofern unter Druck, als dass dieser stets mit einem Hammer-Return rechnen musste – und im Zweifel eben mit vier Stück in einem Spiel.

Da Sie aber nicht Andre Agassi heißen und über dessen Grundschläge verfügen (und ich auch nicht), steht für uns ein anderer Spieler als Vorbild im Raum: Novak Djokovic. Der gilt, nachdem Agassi abgedankt hatte, als »bester Returnspieler« dieser Welt. Und das zurecht. Denn Djokovic hat eine Sache perfektioniert: den Aufschlag so zu returnieren, dass er in Folge selbst den Ballwechsel diktieren kann. Oder ihn zumindest »auf Null«, also auf Neutral, zurückgesetzt hat.

Mein alter Trainer wusste es

Novak Djokovic schert sich nicht darum, möglichst viele direkte Return-Winner zu erzielen. Wieso auch? Die Wahrscheinlichkeit, dem Gegner auf einen 220-km/h-Aufschlag einen ebenso schnellen Winner um die Ohren zu hauen, ist viel zu gering. Und Djokovic ist viel zu schlau, für einen »Hot Shot« à la Gael Monfils einen Punkt aufs Spiel zu setzen. Djokovic geht auf Konstanz, wie sie auch sein sonstiges Spiel auszeichnet, in dem er einfach keine Schwächen offenbart, seinem Gegner keine Angriffsfläche gibt und ihn langsam, aber sicher zermürbt.

Beim Return will Djokovic vor allem eins: den Aufschlag neutralisieren. Djokovic sagt sich: Was bringt mir der Schlag des Turniers, wenn er mir nur in einem von zehn Fällen gelingt? Umgerechnet wäre das ein Punkt von zehn – keine gute Quote. Nein, Djokovic will den Punkt wieder bei Null beginnen, mit einer 50/50-Chance auf beiden Seiten, um den folgenden Ballwechsel für sich zu entscheiden. Was, auch ohne Mathematik studiert zu haben, eine deutlich bessere Ausbeute verspricht.

Mein alter Trainer nutzte gerne die Formulierung »den Aufschlag neutralisieren«. Neutralisieren heißt in diesem Fall, den Ball so zurückzuspielen, dass der Punkt von Neuem beginnt, »von Null« also, man dem Aufschläger den Vorteil genommen hat. Mit anderen Worten: Man sollte den Return hinter die T-Linie bekommen, möglichst nahe an die Grundlinie. Sodass der Gegner blöd aus der Wäsche schaut, wenn er nach dem Aufschlag wieder auf beiden Beinen im Feld zum Stehen gekommen ist und im besten Falle dazu gezwungen wird, ein oder zwei Schritte nach hinten zu weichen, statt nach vorne in die Offensive zu gehen – eben, weil der Return sehr lang kommt. Dass der starke Aufschläger aus seinem besten Schlag Kapital ziehen und zum Vorhandschuss ansetzen kann, ist so zunächst ausgeschlossen.

Schließen Sie zur Veranschaulichung Ihre Augen. Stellen Sie sich vor, SIE sind derjenige, der serviert. Ihr erster Aufschlag landet mit herrlichen 160 Sachen im gegnerischen Feld. Doch Ihr Gegner blockt ihn zurück, lang, hoch, ohne jegliches Tempo, mittig, leicht versetzt auf Ihre Rückhandseite. Sie werden gezwungen, ein, zwei Meter zurückzutrippeln, seitlich, um eine Vorhand anzusetzen, oder eben eine Rückhand. Und müssen nun einen völlig lahmen Ball von einer Position hinter der Grundlinie beschleunigen. Kein schönes Gefühl, oder? (Schließen Sie die Augen und stellen Sie sich diese Situation bildhaft vor!) Genau diese Situation soll Ihr Gegner, der Angeber mit dem harten ersten Aufschlag, erleben! (Ein mittelschneller Return in die Platzmitte wäre Ihnen doch auch lieber gewesen, geben Sie's zu …)

Bringen Sie also einen Return nach dem anderen lang ins Feld zurück. Sie werden sehen: Schon bald wird Ihr aufschlagender Gegner wütend – kein Wunder, schließlich haben Sie ihn seines besten Schlags beraubt! Er wird fortan versuchen, noch schneller und exakter zu servieren. Seine Quote an ersten Aufschlägen im Feld wird deutlich abnehmen – und Sie können dank der vermehrten zweiten Aufschläge nicht nur »neutral« in den Ballwechsel starten, sondern offensiv und mit einem Vorteil!

Hinterlistiger Tipp: Variieren Sie Ihre Returnposition! Kann Ihr Gegner nur schnell servieren, warten Sie einfach ein paar Meter hinter der Grundlinie, sodass Sie mehr Zeit haben, sein Geschoss zu neutralisieren. Denken Sie an den »Trampolineffekt« Ihrer Bespannung: Ein harter Ball springt quasi alleine heraus, schlagen Sie also nicht zu wild. Oft reicht ein geblockter Ball, oder noch besser: ein gechippter Slice. Nach ein paar Aufschlägen haben Sie in aller Regel das Gefühl raus. Dann muss Ihr Gegner sich neu ausrichten. Vermutlich wird er noch ein paar km/h drauflegen und weniger erste Aufschläge ins Feld bringen.

Attackieren Sie den zweiten Aufschlag – aber mit Köpfchen!

Hatte ich schon erwähnt, wie ich den Satz »Ich hab den Ball halt einfach mal rübergespielt« hasse? Vermutlich. Aber es gibt eine Situation in einem Ballwechsel, in dem er mir noch mehr auf den Zeiger geht als sonst schon. Und das ist nach einem (schwachen) zweiten Aufschlag des Gegners.

»Ein Spieler ist nur so gut wie sein zweiter Aufschlag«, lautet eine alte Tennisweisheit, und da ist was dran. Denn selbst die Granaten-Aufschläger bringen nach ihrem Highspeed-Geschoss ins Netz oder in den Zaun oft nur einen lächerlich langsamen zweiten Aufschlag rüber. Und hiermit muss doch was zu machen sein, oder?

Moooooment!

Ja, damit ist was zu machen. Und viele Returnierer machen damit gnadenlos das Falsche: Sie holzen wild drauf. Meist ins Netz oder Aus, danach schütteln sie verzweifelt und völlig zurecht den Kopf über so viel Blödheit.

Rechnen wir kurz mal durch. Wenn man den einen zweiten Aufschlag mit einem Winner beantwortet, den anderen zweiten Aufschlag aber mit einem Fehler, ergibt das eine Gewinnquote von 50 Prozent. In dem Bereich liegt sie auch bei den Profis. Aber: Denen fliegen deutlich bessere zweite Aufschläge entgegen als dem gemeinen Clubspieler.

Rechnen wir weiter: Wenn man jeden zweiten Aufschlag schlau returniert, den Gegner dadurch in eine schlechte Position bringt und sich den Vorteil im Ballwechsel holt, sollte man, wenn der Gegner ein ansonsten ähnliches Niveau hat, im Schnitt deutlich mehr Punkte gewinnen. Auf den zweiten Aufschlag im Vereinsbereich muss das Ziel eine höhere Gewinnquote als 50 Prozent sein.

Die berühmten sieben Punkte

Zur Sicherheit noch mal. Sieben Ziele sollte man im Tennis immer wieder anpeilen:

» die beiden Ecken im hinteren Grundlinienbereich (nicht genau die Ecken, den Bereich der Ecken!),
» die beiden Ecken des T-Feldes,
» die beiden Ecken hinter dem Netz,
» (theoretisch auch die T-Linie, falls Ihr Gegner Serve-and-Volley spielt, was auf den zweiten Aufschlag unwahrscheinlich ist, wir vernachlässigen diesen Punkt also).

Returniert man den zweiten Aufschlag in einen dieser Bereiche, muss der Gegner laufen – und man selbst ist schon mal im Vorteil beim Ballwechsel. Auf die Dauer eines Matches betrachtet, wird man so mehr Punkte machen als er.

Ist man technisch gut ausgebildet, hat man gleich mehrere Möglichkeiten, die sechs Punkte anzusteuern und den Gegner in die Bredouille zu bringen. Die hinteren Ecken bieten sich für einen zügigen Schlag an (zügig, nicht wild geschossen!) oder für einen Slice, gefolgt von einem Angriff ans Netz. Die beiden kurzen Ecken im T-Feld laden zu einem cross geschlagenen Topspin ein, damit der Gegner aus dem Feld getrieben wird. Und die beiden Ecken hinterm Netz? Klar, für einen Stopp. Ganz ausgefuchste Spieler können auch einen kurzen, flachen Slice anbringen, um den Gegner ins Niemandsland zu holen. Er muss dann angreifen oder wieder zurückrennen – hier kann man ihn mit dem nächsten Schlag auf dem falschen Fuß erwischen.

Auch ein langer Return in die Mitte hat seinen Charme. Hier kriegt der Gegner nämlich keinen Winkel und bietet vielleicht selbst einen kurzen Ball in die Mitte an, den man dann wieder auf die sechs Ziele spielen kann.

Wichtig: Returnieren Sie mit Köpfchen, nicht mit Gewalt. Die »Ooooohs« und »Aaaaaahs« von der Clubterrasse gibt es dann auch, nur leicht verzögert. Wenn nämlich Ihr Gegner verzweifelt über seinen verdammten zweiten Aufschlag gleich sein Racket zertrümmert. Oder ins Risiko geht – dann werden ein paar feine Doppelfehler Ihre Belohnung sein!

Hinterlistiger Tipp: Versuchen Sie selbst, Ihren zweiten Aufschlag zu verbessern. Kommen Sie einen Sommer lang eine Viertelstunde früher, sei's vor dem vereinbarten Match oder vor dem Training, und nehmen Sie sich den Trainingseimer zur Hand. Üben Sie einen Durchgang zweite Aufschläge. Glauben Sie mir: Im Laufe einer Sommersaison werden Sie tolle Fortschritte machen und Ihrem Gegner die Chance nehmen, Sie bei Ihrem zweiten Aufschlag direkt am Wickel zu haben. Das Sprichwort »Ein Spieler ist nur so gut wie sein zweiter Aufschlag« dürfen Sie ab dann als Kompliment verstehen!

Am Netz machen Sie sich das Leben einfacher

Tennisspieler, die nicht in den höheren Sphären der Weltrangliste schweben, scheinen panische Angst vorm Volleyspiel zu haben. Selbst im Profibereich sieht man immer wieder Ballwechsel, in denen man den Protagonisten am liebsten ans Netz tragen möchte, damit er dort den Punkt abschließt. Wohingegen er sich lieber bis zum Ende des Ballwechsels in der scheinbaren Sicherheit der Grundlinie wiegt. Aber woher kommt diese Angst vorm Volley? Warum sind für viele Spieler einfache Fehler von der Grundlinie leichter zu verkraften, als im schlimmsten Fall am Netz passiert zu werden?

Der typische Fall

Stellen wir uns eine Spielsituation vor. Sie haben Ihren Gegner in die Enge getrieben, und er antwortet mit einem kurzen Schlag, der Sie dazu zwingt, ein paar Schritte ins Feld zu gehen, vielleicht in Richtung T-Linie. Sie haben nun zwei Möglichkeiten.

» Möglichkeit 1: Sie spielen einen weiteren Schlag in die Ecke des gegnerischen Feldes und laufen zurück an die Grundlinie. Die Folge? Ihr Gegner wird wiederum einen Ball ausgraben und harmlos zu Ihnen zurückspielen. Das Prozedere wiederholt sich womöglich einige Male. Haben Sie Glück, macht Ihr Gegner irgendwann einen Fehler. Je länger das Ganze dauert, steigt jedoch auch die Wahrscheinlichkeit, dass Sie einen Fehler begehen.

» Möglichkeit 2: Sie spielen einen weiteren Schlag in die Ecke des gegnerischen Feldes – und gehen ans Netz. Was wird passieren? Entweder Ihr Gegner spielt auch jetzt einen defensiven Schlag, den Sie mit einem einfachen Volley oder Schmetterball ins gegnerische Feld zum Punkt verwandeln können. Oder er bekommt Panik und setzt zu einem halsbrecherischen Passierschlag an, der aus einer ungünstigen Position nur in einem von zehn Fällen zum Erfolg führt. Eine gute Quote – für Sie! Denken Sie daran, wie Sie sich fühlen, wenn Ihr Gegner am Netz auftaucht. Der erste Gedanke, der einem in diesem Fall in den Kopf kommt, ist meist: »Oha, jetzt muss ich einen genialen Schlag auspacken, um vorbeizukommen!« Mit anderen Worten: Sie werden gezwungen, ein erhöhtes Risiko einzugehen, das in den meisten Fällen nicht belohnt wird. So geht es Ihrem Gegner auch.

Wer hier nicht vorne bleibt, verliert

Es gibt sogar Spieler, die das Netz selbst dann meiden, wenn sie schon fast vorne stehen. Das hat folgenden Nachteil: Stellen Sie sich vor, Sie stehen an der T-Linie und spielen einen Ball. Um wieder zurück an die Grundlinie zu kommen, müssen Sie rückwärts laufen. Damit Sie rechtzeitig ankommen, bevor der Ball erneut auf Ihrer Seite landet, müssen Sie verdammt schnell sein. Vor allem aber hat Ihr Gegner alle Trümpfe in der Hand: Er kann einen Stopp spielen (gegen Ihren Lauf) oder einen extrem langen Ball, der Sie beim Zurücklaufen aus dem Gleichgewicht bringt und den Sie nur noch harmlos zurückspielen können, wenn überhaupt. Das Traurige in beiden Fällen, selbst wenn Sie weiter im Spiel bleiben: Sie haben eine offensive Ausgangslage einfach so vergeben. Der Ballwechsel geht bestenfalls bei Null los.

Die Ampel-Theorie

Wann man ans Netz gehen sollte – und wann man ans Netz gehen MUSS? Und wann man doch besser an der Grundlinie bleibt? Hierbei hilft die Ampel-Theorie:

» **ROT** ist, wenn Sie beim Treffpunkt des Balles hinter der Grundlinie stehen. Von hier aus rechtzeitig zum Netz zu kommen, also zumindest ein Stück vor die T-Linie, wenn der Gegner den Ball trifft, ist unmöglich. Außer Sie sind so schnell wie der Roadrunner (»Meep, meep!«). Das sind Sie aber nicht. Bitte bleiben Sie hinten.

» **GELB** ist, wenn Sie beim Treffpunkt des Balles zwischen Grund- und T-Linie stehen. Hier können Sie überlegen, ob Sie sich einen Angriff zutrauen. Einem guten Angriffsball auf die schwächere Seite des Gegners sollten Sie hinterhergehen. Je näher Sie an der T-Linie stehen, umso eher. Ein Weg zurück zur Grundlinie ist aber ebenso möglich.

» **GRÜN** ist, wenn Sie beim Treffpunkt des Balles auf oder sogar vor der T-Linie stehen: Dann MÜSSEN sie vorne bleiben und auf die ideale Volleyposition (genau zwischen Netz und T-Linie) aufrücken. Wollen Sie von der T-Linie aus wieder die Grundlinie erreichen, kann Ihr Gegner Sie nach allen Regeln der Kunst ausspielen (siehe oben). Wichtig: Bloß nicht zögern! Bleiben Sie aus Angst vor einem Lob keinesfalls an der T-Linie kleben (häufiger Fehler!) – das ist die schlechteste Position überhaupt! Hier kann Ihnen Ihr Gegner wunderbar auf die Füße daddeln. Die Folge: Sie müssen den Ball anheben, statt ihn oberhalb der Netzkante treffen zu können. Gehen Sie weiter auf die ideale Volleyposition und bauen Sie so Druck auf. Wenn Ihr Gegner nun punkten will, muss er mit etwas Besonderem aufwarten, was die Wahrscheinlichkeit eines Fehlers deutlich erhöht.

Gehen Sie dem Ball entgegen!

Wichtig, wenn Sie denn mal vorne sind: Bleiben Sie im Vorwärtsgang. Heißt: Machen Sie den Splitstep (wenn Ihr Gegner den Ball trifft) und gehen Sie dann dem Ball entgegen, sobald Sie erkannt haben, wohin er kommt (speziell, wenn er langsam ist). Viele Spieler warten auf den Ball, dabei ist es so viel einfacher, ihn weiter vorne am Netz zu spielen: Sie können Ihren Volley meist aus einer höheren Position ausführen und ihn einfacher wegdrücken. Je näher Sie am Netz stehen, umso unwahrscheinlicher ist es, einen Fehler zu machen.

Einen Lob sollten Sie von der idealen Volleyposition in den meisten Fällen ebenfalls abfangen: Wichtig ist hier, dass Sie nicht nur hochspringen, sondern im Zweifel ein, zwei Schritte seitlich zurücktrippeln und sich dann ordentlich vom Boden abdrücken (wie beim Aufschlag)!

Aber all das ist freilich Übungssache. Der Respekt vorm Netz ist bei vielen Spielern zu hoch, sodass sie, wenn sie sich denn überhaupt mal vorgewagt haben, immer noch einen Sicherheitsabstand bevorzugen. Gehen Sie weiter vor, machen Sie sich das Leben so viel einfacher!

Denken Sie auch daran, sich seitlich in die Richtung zu orientieren, in die Sie den Ball gespielt haben. Haben Sie Ihren Gegner über dessen Vorhandseite angegriffen, gehen Sie etwas nach links. Sind Sie über seine Rückhand nach vorne gekommen, etwas nach rechts (also mit dem Ball mitgehen, wie wir in »Finden Sie die Mitte des Platzes« auf Seite 30 herausgefunden haben).

Hinterlistiger Tipp: Überraschen Sie Ihren Gegner auch mal mit einem Angriff aus der gelben Ampelphase heraus. Ja ja, ich weiß – von hier aus müssen Sie nicht vor. Aber ein solcher Netzangriff bringt den Gegner ins Grübeln. Auch wenn Sie den Punkt verlieren sollten: Ihr Gegner wird von nun an immer ein Auge darauf haben, ob Sie bald wieder vorne auftauchen werden. Das wird ihn einige Konzentration kosten und womöglich dazu bringen, länger (und somit riskanter) zu spielen. Einige Extra-Fehler seinerseits sollten im Laufe des Matches für Sie herausspringen.

Öfter mal den Stopp einstreuen

Der Stoppball ist eine ganz feine Sache. Man beweist Ballgefühl, bringt den Gegner zum Laufen und holt sich nicht selten Szenenapplaus aus dem Zuschauerbereich ab. Mit anderen Worten: Man hat den Punkt, einen frustrierten Gegner und zufriedene Fans. Das Leben kann so schön sein.

So sollte ein Stopp aussehen

Technisch ist der Stopp nichts wesentlich anderes als ein kurz gespielter Slice. Ein Slice, aus dem man das Tempo herausnimmt und im Idealfall verstärkt Rückwärtsdrall und Bogen hinzugibt. Die Faustregel: Ein Stopp sollte (gedanklich) drei Mal aufspringen, bevor er die T-Linie erreicht, dann kann man ihn als gelungen bezeichnen. Natürlich gehört ein feines Händchen dazu, den Ball so kurz und mit Rückwärtsdrall zu spielen.

Aber auch ein Spieler, der nicht gerade mit dem Ballgefühl eines Roger Federer gesegnet ist, kann mit dem Stopp punkten. Hat man den richtigen Riecher dafür, wann es Zeit ist, einen Stopp zu spielen, muss dieser gegen die meisten Gegner nicht perfekt ausgeführt sein. Ja, es ist sogar ein »normaler« kurzer Ball möglich, ohne Slice, falls man die Slice-Technik noch nicht im Repertoire hat. Wenn er denn richtig gespielt wird. Und richtig bedeutet, aus taktischer Sicht: zum richtigen Zeitpunkt.

Blick auf den Gegner

Schauen wir uns mal an, wann ein Stopp Sinn macht. Da wäre zum einen der Gegner: Trägt er ein T-Shirt mit der Aufschrift »Ich bin nur wegen dem Bier hier« und verfügt zudem über einen entsprechend ausgebauten Frontalbereich, sind Stopps vermutlich keine schlechte Idee. Ebenso, wenn er seine 15 Jahre alten Tennisschlappen (ohne Profil) angezogen hat und auf dem trockenen und damit rutschigen Sandbelag Antrittsschwierigkeiten offenbart.

Beim Stopp stoßen wir auf ein typisches Phänomen, das vor allem im Damenbereich auftritt: Viele Frauen sehen es als Beleidigung an, mit einem Stopp konfrontiert zu werden oder die Gegnerin damit zu quälen. »Das ist doch fies!«, haben mir einige im Training schon erklärt. Freunde, jetzt mal ehrlich: Natürlich ist ein Stopp fies, aber darum geht es schließlich! Darum, Punkte zu erzielen. Wie, ist (fast) egal. Selbstverständlich sollte man die Grenze ziehen: Ist man seinem Gegner haushoch überlegen, braucht man ihn nicht mit Stopps vorzuführen. Aber der Stopp als taktisches Mittel? Ja, herzlich willkommen.

Blick auf die Spielsituation

Nachdem wir uns also den typischen Stoppgegner angeschaut haben, blicken wir nun auf die typischen Situationen, in denen wir einen erfolgreichen Stopp spielen können. Ein gut gespielter Stopp sollte möglichst kurz auf der gegnerischen Seite landen – das ist logisch. Und er sollte den Gegner überraschen.

Einen Ball kurz zu spielen, wenn man sich selbst zwei Meter hinter der Grundlinie befindet, ist somit nicht ratsam. Erstens, weil es schwieriger ist, als es innerhalb des Feldes zu tun. Zweitens, weil der Ball länger unterwegs ist. Der Gegner, der durch den Stopp eigentlich überrascht werden soll, hätte bedeutend mehr Zeit, in die Hufe zu kommen.

Umgekehrt ist es sehr ratsam, einen Stopp zu spielen, wenn man sich selbst innerhalb des Feldes befindet und der Gegner hinter der Grundlinie auf einen langen Ball lauert. Ob er einen mittelmäßig guten Stoppball aus dieser Spielsituation noch gewinnbringend ins Feld bugsieren wird? Wohl kaum. Und selbst, wenn er den Stopp erreichen sollte, wird er kaum etwas anderes damit anfangen können, als ihn harmlos zu returnieren. Sie werden so alle Möglichkeiten haben, zum Gewinnschlag anzusetzen (mit Übersicht, nicht mit Gewalt, bitte).

Spielen Sie mit dem Wetter

Auch die äußeren Umstände können für die Erfolgswahrscheinlichkeit des Stopps eine Rolle spielen. Vorausgesetzt, es ist ein windiger Tag: Würden Sie den Stopp eher ansetzen, wenn Sie Rückenwind oder Gegenwind haben? Mooooment, bitte nicht einfach weiterlesen. Lassen Sie Ihre grauen Zellen kurz mal selbst arbeiten (wir hatten darüber ja bereits in »Schönes Wetterchen heute« auf Seite 23 gesprochen).

Haben Sie's? Na klar, bei Gegenwind. Schließlich geht es beim Stopp darum, dass dieser so kurz wie möglich bleibt. Herrscht Gegenwind, bleibt der Ball beinahe auf der Gegenseite stehen, er kommt womöglich sogar in Ihre Richtung zurück. Auch wenn es geregnet hat, der Platz also feucht und tief ist, sollten Sie den Stopp vermehrt einsetzen. Schließlich springen die Bälle auf nassen Plätzen schlechter ab – ein perfektes Terrain für unseren Stopp!

Legen Sie Ihren Gegner rein

Wichtig ist es auch, zu täuschen und zu tarnen. Holen Sie vorm Stoppschlag so normal wie möglich aus. So lassen Sie Ihren Gegner im Glauben, dass ein langer Schlag folgt. Dann brechen Sie die Ausholbewegung kurz vorm Ballkontakt ab. Ihr Gegner wird überrascht sein und keine Chance mehr haben, den Ball zu erreichen.

Wenn Sie ohnehin oft einen Slice auf der Rückhand spielen, sind Sie automatisch getarnt. Ein langer Slice und ein Stopp haben mehr oder weniger dieselbe Ausholbewegung. Ihr Gegner wird also kaum erkennen, ob Sie einen (langen) Slice oder einen (kurzen) Stopp planen. (Bei der Vorhand ist es schwieriger, hier müssen Sie auch an den Griffwechsel denken.)

Spielen Sie den Stopp gegen den Lauf

Bei einem Stopp kommt es übrigens nicht nur auf die Länge an. Sondern auch auf die Richtung. Stellen Sie sich vor, Sie haben gerade einen Monsterschlag auf des Gegners Vorhandseite gelandet und ihn weit aus dem Platz getrieben. Er wird wohl nur harmlos in die Mitte Ihres Feldes returnieren können und dann damit beschäftigt sein, wieder seine Platzmitte zu erreichen. Spielen Sie in diesem Fall einen Stoppball gegen seinen Lauf, also wiederum auf die Vorhandseite. Speziell auf rutschigem Sand wird Ihr Gegner kaum noch in der Lage sein, die Richtung zu wechseln UND nach vorne zu laufen. Das nennt man perfekte Übersicht!

Hinterlistiger Tipp: Übrigens ist es nicht schlimm, wenn der Stopp mal nicht gelingt. Lassen Sie sich hiervon keinesfalls entmutigen! Denn auch ein ins Netz oder zu lang geschlagener Stopp bringt den Gegner zum Nachdenken: Künftig wird er nicht einfach weiterhin zwei Meter hinter der Grundlinie lauern, wenn Sie zu einem Offensivschlag ansetzen. Denn er weiß nun, dass Sie jederzeit dazu bereit sind, einen Stopp anzusetzen. Das ist Ihre Chance: Täuschen Sie mit einer kurzen Ausholbewegung einen Stoppball an und schieben Sie den Ball dann überraschend lang via Slice ins Feld – an Ihrem nach vorne rennenden und dumm dreinschauenden Gegner vorbei!

Neutralisieren Sie Gewaltschläge Ihres Gegners

Spieler M. aus meinem alten Club war eine Legende. M. war ein Genussmensch, und so kam er im Hochsommer stets mit einer Kühlbox voller Eis auf die Anlage. Sein Training bestand aus nur wenig Bewegung und sah folgendermaßen aus: M. ließ sich mit Bällen in die Spielfeldmitte füttern und drosch mit der Vorhand drauf los, dass es eine Wucht war. Die Abdrücke der Vorhände von M. waren noch im kommenden Frühjahr beim alljährlichen Arbeitseinsatz im Sandboden zu erkennen.

Hätte ein Scout unseres nächsten Gegners beim Training von M. vorbeigeschaut – er wäre direkt wieder abgedampft, im sicheren Glauben, die Punkte des kommenden Spieltags schon verloren zu haben.

M. hat allerdings nie ein Mannschaftsspiel für uns absolviert. Trotz seiner gigantischen Vorhand.

Graben Sie alles aus, was geht

Jeder Tennisspieler hat folgendes Szenario schon mal erlebt: Dem Gegner gelingen Schläge mit Überschallgeschwindigkeit und man selbst kriegt ausgerechnet heute nur ein jämmerliches Tempo auf die Pfanne. In einem solchen Fall hat man genau zwei Möglichkeiten.

Erstens: Man bringt das Ganze so schnell wie möglich hinter sich, gönnt sich am Abend eine Folge *Knight Rider* und geht früh ins Bett.

Zweitens: Man versucht, die Geschosse des Gegners zu neutralisieren – und zu gewinnen.

Da wir in diesem Buch etwas übers Gewinnen lernen wollen (so sehr wir *Knight Rider* verehren), schauen wir uns Alternative zwei an. Die gute Nachricht: Die meisten Spieler auf Vereinsebene können allenfalls schnell spielen oder gut platzieren. Aber beides zusammen?

Schnell spielende Spieler auf Vereinsebene lassen das nötige Zielwasser bei ihren Schlägen meist vermissen und hoffen, alleine durch ihr mörderisches Tempo mit dem Sieg davonzukommen. Die Sache hat jedoch einen Haken: Spieler wie M. rechnen nicht damit, dass ihre Geschosse zu ihnen zurückkommen. Und sie ihren vermeintlich tödlichen Schlag wiederholen müssen.

Bloß nicht zurückkloppen!

Schauen wir uns den typischen Fall im Match an. Trifft ein Spieler wie M. die Vorhand mit ordentlich Karacho, ist man selbst geneigt, mit viel Tempo zu returnieren – was in den meisten Fällen mit einem Fehler endet. Genau hier müssen Sie ansetzen: Da Sie wissen, dass ein Spieler wie M. diese Überschallschläge nicht konstant schlagen kann (sonst wäre er Profi oder Oberligaspieler), gilt es, ihn zu einem Fehler zu verleiten. Mit anderen Worten: Versuchen Sie möglichst früh zu erkennen, wo Spieler wie M. hinschießen könnten und versuchen Sie, in die beste Position für den Rückschlag zu kommen.

Gehen Sie gegen Spieler wie M. ruhig ein oder zwei Meter hinter die Grundlinie. Spieler wie M. halten sich meist nicht mit taktischen Varianten wie Winkelschlägen oder gar Stopps auf. Spieler wie M. wollen Sie vernichten, mit purer Gewalt.

Den Ballwechsel wieder auf Null zurücksetzen

Versuchen Sie, den ankommenden festen Schlag zu neutralisieren. Also jegliches Tempo rauszunehmen. Wichtig: Holen Sie nicht so weit aus und spielen Sie mit dem Tempo des ankommenden Balles. Geben Sie M. einen möglichst toten Ball, einigermaßen hoch und vor allem sehr lang, vielleicht sogar auf seine schwächere Rückhandseite (ein Ball, den niemand gerne mag). M. wird verleitet, einige Schritte zurückzugehen und womöglich seine Rückhand zu umlaufen, um seinen temporeichen Schlag nochmal anzusetzen. Und das von einer (schlechten) Position hinter der Grundlinie und in Rückenlage (Spieler wie M. sind meist sehr lauffaul).

Diese Situation ist ein Spieler wie M. nicht gewohnt. Außerdem wird er es als Majestätsbeleidigung empfinden, dass Sie die erste, vermeintlich punktbringende Vorhand so humorlos neutralisiert haben. M. wird im Zweifel dazu übergehen, die nächsten Ballwechsel noch risikoreicher zu gestalten, und einen Fehler nach dem anderen produzieren.

Ist M. schlauer als erwartet, erkennt er seine defensive Lage und spielt Ihren langen, hohen Ball sicher zurück. Dann sollten Sie die Initiative ergreifen und mit dem nächsten Schlag langsam Druck aufbauen. Denken Sie an die »D-N-O«-Theorie (siehe Seite 28)! M. wird das eher nicht tun. Er wird versuchen, aus weniger geeigneten Positionen seine Gewalt-Vorhand anzusetzen. Das geht selten gut.

Hinterlistiger Tipp: Sollten Ihrem Gegner gleich ein paar Bretter in Folge gelingen, trotz Ihrer neutralisierenden Bälle, dann geizen Sie nicht mit Komplimenten. Sagen Sie ihm beim nächsten Seitenwechsel, dass Sie sich wünschten, selbst über eine solch imposante Technik (und Oberarmmuskulatur!) zu verfügen. Bitten Sie ihn um seine Handynummer, um demnächst ein paar Trainingsstunden bei ihm zu buchen. Ihr Gegner wird das vermeintliche Kompliment als Aufforderung sehen, gleich noch mehr aus seinem Paradeschlag herauszuholen. Seine Fehlerzahl wird sich um einiges erhöhen.

Spielen Sie cross – und gewinnen Sie Zeit!

Der blödeste Ball im Tennis, den keiner mag? Ist meist der hohe, lange Ball auf die Rückhand. Rückhände sind eh blöd (finden die meisten), hohe Rückhände sind die Hölle. Das sieht auch Roger Federer so: Bei Spielen gegen Rafael Nadal hing Federer früher meist in der Rückhand fest, bis er verzog oder Nadal einen kurzen Ball zum Punktgewinn nutzte.

Wir wollen uns hier nicht mit Federer und Nadal vergleichen, aber jeder von uns kennt das Gefühl, in die Rückhandecke gedrängt zu werden, vielleicht sogar rund zwei Meter hinter die Grundlinie. Welche Möglichkeiten haben wir?

1. Wir schießen die Rückhand longline und beten.
2. Wir schlagen eine saubere (und technisch einwandfreie) Rückhand mit ordentlich Tempo in die Platzmitte.
3. Wir spielen einen hohen Ball cross zurück.

Punkt des Tages – oder lieber das Match gewinnen?

Was am besten klingt? Natürlich Möglichkeit Nummer 1. Ein Longline-Schuss, vielleicht zum direkten Punkt … es wäre der Ball des Tages, über den Sie noch weit nach Spielende philosophieren könnten (»Der ist mir vorher noch nie gelungen!«). Vermutlich jedoch nach einer insgesamt klaren Klatsche. Denn, sind wir ehrlich: Die Rückhand ist ohnehin für die meisten ein Problem, und ein Longline-Punktgewinn gelingt Ihnen allenfalls einmal im Jahr – im Training.

Was spricht gegen Möglichkeit Nummer 2? Ihre Zeit. Stellen Sie sich die Situation bildlich vor: Sie hängen links neben der Grundlinie fest, hinten, irgendwo in der Nähe des Doppelfeldes. Eine Rückhand in die Platzmitte, am Ende noch auf T-Feld-Höhe, gibt Ihrem Gegner die Chance, Sie direkt in die Vorhandecke zu schicken oder einen Stopp gegen die Laufrichtung anzubringen. Ergo: Sie bleiben in der Defensive – und da wollen Sie ja raus. (Dasselbe passiert mit einer zu kurzen Rückhand longline.)

Möglichkeit Nummer 3 klingt langweilig, ist aber die einzig sinnvolle Alternative. Überlegen Sie sich noch mal kurz, »wer gerade was mit wem macht« (siehe Seite 52): Hat Ihr Gegner Sie mit einem langen Schlag in die

Rückhandecke getrieben, befinden Sie sich in der Defensive (denken Sie an die »D-N-O«-Theorie; siehe Seite 28).

Und das sollten Sie einsehen. Hier gilt es zunächst, dem Gegner den Vorteil zu nehmen und alles wieder auf Null zu stellen. Das muss Ihr Ziel sein, nichts anderes. Schon gar nicht, auf direktem Wege in die Offensive zu kommen. Sie müssen wieder in den Ballwechsel reinkommen – fertig. Kontern Sie mit einem langen Cross-Schlag, bleibt Ihnen ausreichend Zeit, wieder in die Mitte zu laufen, bis Ihr Gegner trifft. Weiterer Vorteil: Spielen Sie cross, liegt »Ihre« Mitte etwas links vom Mittelstrich, Ihr Weg ist also kürzer. Und nun muss Ihr Gegner die lange Rückhand erst mal meistern. (Zur »persönlichen« Mitte lesen Sie bitte im Zweifel noch mal das Kapitel »Finden Sie die Mitte des Platzes« ab Seite 30.)

Geschoben oder mit Topspin?

Wie Sie aus der Rückhandecke kommen, müssen Sie übrigens selbst entscheiden. Beherrschen Sie einen hohen, langen Topspin-Schlag auf der Rückhand, ist der natürlich perfekt geeignet. Aber Achtung: Treffen Sie ihn nicht gut, verhungert er womöglich auf der T-Linie und Ihr Gegner kann punkten. Besser ist es dann, mit einem langweiligen, normalen, hohen und langen Ball zu antworten, so schlecht der Ruf eines solchen Schlags auch ist. Oder mit einem langen Slice.

Neulich im Training ...

Aber es ist leichter gesagt als getan. Auch, weil der selbst fabrizierte hohe Ball einen schlechten Ruf hat und man sich selbst zu wenig Anerkennung dafür zollt.

Ich hatte vor einiger Zeit zwei Tennisschülerinnen auf dem Platz und spielte mit ihnen im Diagonalfeld lange Rückhände cross. Das Ziel: Alle Bälle sollten hinter der T-Linie aufkommen. Würde ein Ball im T-Feld aufspringen, wäre die Chance auf den Longline-Ball da – und der Punkt offen.

Spielerin S. schaffte es mit einem Schlag, Kollegin R. in große Bedrängnis zu bringen. R. antwortete mit einem langen hohen Ball (ohne Topspin, einfach nur lang und hoch). S. wurde nach hinten getrieben und brachte ihre Rückhand gar nicht mehr ins Feld.

R. moserte: »So ein doofer Ball.«

Ich war vollkommen irritiert. »Was meinst du?«

Sie erklärte: »Na, meine hohe Rückhand! Die war doch gar nicht schön.«

Ich verstand die Welt nicht mehr: R. hatte mit einem schlauen Ball aus der Defensive geantwortet und den Punkt gewonnen! Wie konnte sie da unzufrieden sein?

Aber es ist der klassische Denkfehler: Hätte sie eine technisch saubere Rückhand kurz ins Feld gespielt, wäre sie vermutlich glücklich gewesen. Auch wenn ihre Gegnerin dann keinen Fehler gemacht hätte.

Hinterlistiger Tipp: Sollten Sie gegen einen Linkshänder antreten, der Sie mit seiner Vorhand in der Rückhandecke festnagelt, kontern Sie anders. Versuchen Sie hier, Ihre Rückhand mittig zu spielen, wenn möglich sogar (aus Ihrer Sicht) leicht links versetzt, auf die Rückhand Ihres Gegners. Somit nehmen Sie ihm den Winkel. Vermutlich wird er Ihnen dann mit seiner Rückhand auf die Vorhand spielen oder zumindest in die Mitte des Feldes. Von dort aus können Sie wieder die Initiative übernehmen!

Warum Sie sich zum Ball bewegen müssen – und nicht umgekehrt

Wir bleiben beim Thema.

Überlegen wir kurz, wo wir gelernt haben, unsere Vorhand und Rückhand zu treffen. Über der Schulter? Nein, da haben wir zu wenig Power. Unter Kniehöhe? Nein, hier müssen wir den Ball anheben (gut für den Gegner). Zwischen Hüft- und Brusthöhe? Ja, denn das ist unsere »Strike zone«. Das Dumme ist nur, dass WIR uns im Zweifel entsprechend bewegen müssen, um den Ball dort zu treffen.

Spielen Sie und Ihr Gegner sich »schöne Bälle« zu, ist's einfach – aber was, wenn er Sie mit hohen Bällen malträtiert? Sein Ziel ist klar: Ihnen einen schlechten Treffpunkt aufzudrängen, um einen kurzen Schlag zu provozieren und dann Druck zu machen.

(Wie wir im vorherigen Kapitel besprochen haben, sollten wir auf einen hohen Ball ja mit einem ebenso hohen Ball kontern.)

Der hohe Ball und seine Folgen

Überlegen Sie mal kurz, wann Sie einen hoch gespielten Ball des Gegners in Ihrer »Strike zone« treffen könnten. Das ist genau zweimal der Fall. (Stellen Sie sich das Absprungverhalten eines hohen Balles bildlich vor.)

Zum einen: direkt nach dem Aufsprung (noch bevor er seine fiese Höhe erreicht).

Zum anderen: wenn er bereits wieder am Runterfallen ist (seine fiese Höhe also hinter sich hat).

Sie haben damit folgende Möglichkeiten:

a) Sie gehen einen oder zwei Schritte nach vorne und nehmen den Ball direkt nach dem Aufsprung, ebenfalls auf Hüft-/Brusthöhe und bevor er die gefährliche Höhe erreicht.
b) Sie trippeln einen oder zwei Schritte seitlich zurück, warten bis der Ball wieder etwas runtergefallen ist und schlagen auf Hüft-/Brusthöhe (und rücken wieder an die Grundlinie auf).
c) Sie bleiben einfach stehen und nehmen den Ball irgendwo über Schulterhöhe an. (Und klappern ihn vielleicht mit Glück harmlos zurück.)

Die genannten Alternativen haben allesamt Nachteile:

Bei Variante a) müssen Sie zwar wenig laufen, aber den Ball extrem gut berechnen. Schließlich haben Sie nur wenig Zeit nach dem Aufsprung. Und der ist auf Sand oft tückisch (fragen Sie Roger Federer mal zu seinen Spielen gegen Rafael Nadal aus).

Bei Möglichkeit b) müssen Sie den hohen Ball früh erkennen und sich entsprechend schnell nach hinten bewegen, um sich beim Schlagen selbst nicht noch im Rückwärtslaufen und somit in Rücklage zu befinden. Spielt Ihr Gegner dieses Spiel dauerhaft, stellt sich irgendwann auch die Frage nach Ihrer Ausdauer.

Bei c) müssen Sie sich zwar kaum bewegen, aber einen gefährlichen oder zumindest neutralen Ball für Ihren Gegner hinzubekommen, ist Glückssache.

Um den Schönheitspreis geht es nicht

Alternative b) ist zwar mühsam, aber letztlich die meist sinnvollste Wahl: Sind Sie früh hinten, sollten Sie mit einem Ihrerseits hohen Topspin-Schlag antworten, um Ihren Kontrahenten vor dieselbe Aufgabe zu stellen. (Denken Sie dran: Zur Not tut's auch ein hoher Schlag ohne Topspin.) Vermeiden müssen Sie aber einen zu kurzen Schlag, den Ihr Gegenüber wegmachen kann. (Darauf hoffen Sie allerdings Ihrerseits, wenn Sie Ihren hohen, langen Ball angesetzt haben!)

Sind Ballwechsel mit stetig langen (hohen) Topspin-Bällen eine Augenweide? Nein. Sie sind eher taktisches Geplänkel. Aber wer den langen hohen Topspin-Ball des Gegners meistert, hat viel gewonnen.

Hinterlistiger Tipp: Eignen Sie sich einen guten Slice an, denn so können Sie der »Hoher-Topspin-Ball-auf-die-Rückhand«-Mühle entgehen. Beim Slice liegt der Treffpunkt nämlich höher als beim »normalen« Schlag. Sie können einen hohen Topspin-Ball Ihres Gegners an der Grundlinie (oder sogar davor) abfangen und müssen sich dafür nicht mal großartig bewegen. Ganz wichtig, auch zum Slice-Trainieren: Gehen Sie dem Ball entschlossen entgegen, mit vollem Gewicht auf Ihrem vorderen Fuß!

Spielen Sie selbst hohe Topspin-Bälle auf die Rückhand Ihres Gegners!

Und damit ist eigentlich bereits alles gesagt, zumindest, wenn Sie die beiden voranstehenden Kapitel gelesen haben. Sie müssen nicht immer nur auf einen hohen Ball Ihres Gegner reagieren. Spielen Sie ihn doch auch mal zuerst und beobachten Sie, ob Ihr Gegner damit klarkommt – oder für Sie ein harmloser, kurzer Ball herausspringt!

Hinterlistiger Tipp: Folgen Sie Ihrem hohen, langen Topspin-Ball manchmal ans Netz. Gerne überraschend, also fast heimlich – so wird Ihr Gegner Sie nicht sehen und Ihnen einen harmlos zu spielenden Volley ermöglichen. Und ab und zu mal offensichtlich: Denn dann fordern Sie Ihren Gegner zu einem riskanten Schlag (auf der Rückhand!) heraus.

Bleiben Sie am Ball, auch wenn Ihr Gegner Sie zunächst an die Wand spielt

Der große Pete Sampras musste 1992 erstmals gegen Goran Ivanisevic in Wimbledon ran. Ivanisevic war als »König der Asse« berühmt, viele Gegner verbrachten ihre Returnspiele gegen ihn meist damit, von rechts nach links und von links nach rechts zu laufen und Gorans Asse zu bestaunen. Das ist mental nicht leicht zu verkraften, vor allem, wenn man um seine eigenen Aufschlagspiele hart kämpfen muss.

Pete Sampras ging es bei der ersten Begegnung der beiden in London auch so. Zumal er auch über einen starken Aufschlag verfügte und dieses Spielchen selbst gerne veranstaltete. Nun plötzlich zu erleben, wie sich seine Gegner fühlen mussten? Nur Aufschlagwinner serviert zu bekommen, war ihm irgendwann zu viel. Sampras gab sich auf und hisste die weiße Flagge.

Für Sampras war dies eine bittere, aber lehrreiche Niederlage. Er arbeitete nun daran, zu verstehen, dass man manchmal auf seine Chance warten muss. Und diese irgendwann auch kommt.

1994 trafen Sampras und Ivanisevic erneut in Wimbledon aufeinander, diesmal im Finale. Ivanisevic servierte wieder ein Ass nach dem anderen, aber diesmal blieb Sampras dran. Er brachte seine Aufschlagspiele durch und lauerte auf seine Chance. Und schlug in den Tiebreaks zu: 7:6, 7:6, 6:0 hieß es am Ende. Ein verrücktes Ergebnis, aber nun war es Ivanisevic, der nach zwei knappen Tiebreak-Verlusten mental am Ende war und kapitulierte. Sampras siegte auch 1998 gegen Ivanisevic im Finale.

Was heißt das für Sie?

Haben Sie einen halben Satz lang kaum einen Return ins Feld gebracht, weil Ihr Gegner überraschend gut serviert hat? Er Ihnen reihenweise die Vorhand ins Feld gehämmert hat? Oder auf andere Art seine Aufschlagspiele stets glatt durchgebracht, während Sie mächtig kämpfen mussten? Dann bitte nicht die Nerven verlieren. Viele Spieler gehen hieran zugrunde. Dabei gelingt es nur wenigen Gegnern, ihr hohes Niveau das gesamte Match über zu halten (außer sie sind wirklich deutlich besser). Irgendwann kommt ein mindestens kleiner Einbruch. Und dann müssen Sie da sein!

Stellen Sie sich vor, Ihr Gegner hat vier Aufschlagspiele zu null gewonnen, Sie Ihre Aufschlagspiele nur nach harten Kämpfen über Einstand. Aber: Es steht 4:4 – ausgeglichen. Nun kommt auch der Gegner ins Grübeln, vor allem, wenn Sie sich auf sein Spiel etwas eingestellt haben. Schaffen Sie nun ein Break, kann das sein Selbstvertrauen komplett zerstören.

Hinterlistiger Tipp: Bleiben wir bei unserem Beispiel. Sie haben bis zum 4:4 kein Land gesehen, wenn Ihr Gegner serviert hat? Dann ist spätestens jetzt der Zeitpunkt gekommen, ihn zum Nachdenken zu bringen. Zum Beispiel, indem Sie Ihre Returnposition (oder die Situation im Ballwechsel) verändern, vielleicht zwei, drei Meter zurückgehen oder im Ballwechsel überraschend ans Netz stürmen. Was wird Ihr Gegner nun tun? Womöglich höheres Risiko spielen – und plötzlich Fehler begehen. Sollten Sie in dieser Phase ein Break schaffen, haben Sie ihn mental gebrochen.

Spielen Sie Prozenttennis

Poker wird gerne als Glücksspiel verschrien, eine Annahme, die bei Pokerspielern nur Kopfschütteln hervorruft. Ja, sagen sie, natürlich spiele das Glück eine Rolle. Aber im Gesamtbild komme es auf die Wahrscheinlichkeiten an, diese seien auf lange Sicht der Erfolgsfaktor und machen einen guten Spieler aus. Logisch: Hat man zwei Asse auf der Hand, ist die Wahrscheinlichkeit einfach höher, das kommende Spiel zu gewinnen, als mit einer Zwei und einer Sieben. (Dennoch können auf dem Tisch natürlich zwei weitere Zweier und eine weitere Sieben auftauchen – möglich, aber unwahrscheinlich.)

Beim Fußball ist es ähnlich: Erspielt sich Mannschaft A zehn Torchancen und Mannschaft B nur zwei, gewinnt höchstwahrscheinlich Mannschaft A. (Aber natürlich nicht immer.)

Auch im Tennis geht es um Wahrscheinlichkeiten. Und vor allem um die Frage: Welcher Schlag bringt Ihnen am wahrscheinlichsten den Punktgewinn?

Ein Beispiel. Hat Ihr Gegner Sie in die Defensive gedrängt, könnten Sie sich mit einem riskanten Schlag befreien oder damit gar direkt punkten. Ihr technikaffiner Kumpel wäre sicher bereit, diesen »Hot Shot« noch am selben Tag auf YouTube oder gar Instagram zu stellen.

Aber was, wenn dieser Wahnsinnsschlag nur bei einem von zehn Versuchen im Feld landet – was Sie selbst im Inneren Ihres Herzens auch wissen? Ein neutralisierender sicherer langer Ball in die Mitte jedoch vier von fünf Mal kommt – und Sie nach diesem eine fifty-fifty-Chance auf den Gewinn des Ballwechsels haben?

Rechnen Sie mal kurz nach.

Ebenso stellt sich die Frage, ob Sie im laufenden Ballwechsel so aggressiv spielen müssen, dass Sie spätestens nach dem vierten Schlag einen Fehler begehen. Wo Sie doch herausgefunden haben, dass Ihr Gegner selbst im Schnitt jeden sechsten Ball verschlägt, wenn Sie »nur« Ihr PHT spielen würden (also vielleicht erst alle zwölf Schläge einen Fehler machen).

Prozenttennis ist hier das Stichwort. Zumindest dann, wenn Sie gewinnen wollen. Und nicht nur hin und wieder auf einen spektakulären Schlag aus sind. (Ist auch mal erlaubt, wir sprechen hier aber vom Regelfall.)

Gehen wir doch mal ein paar Spielsituationen durch.

Beispiel 1: Ihr Gegner hat eine offenkundige Schwachstelle.

Haben Sie bei Ihrem Gegner eine labile Rückhand diagnostiziert, sollten Sie diese bearbeiten, immer und immer wieder. Prozenttennis! Auch, wenn ihm plötzlich zwei Glückstreffer gelingen! Schlechte Spieler fühlen sich hiervon eingeschüchtert und ändern ihre Taktik. Das ist Quatsch. Bleiben Sie dabei und spielen Sie Ihre Prozente aus. (Natürlich nicht, wenn Sie plötzlich feststellen, dass die Rückhand Ihres Gegners in Wirklichkeit sehr gut ist und Sie sich anfänglich nur verschätzt haben.)

Beispiel 2: Ihr Gegner spielt wunderschön, tut sich aber mit hohen (Topspin-)Bällen auf der Vorhand schwer, weil er einen recht offenen Griff verwendet.

Dann müssen Sie sich entscheiden, ob Sie den Schönheitspreis oder das Match gewinnen wollen. Machen Sie in regulären (»schönen«) Ballwechseln nur jeden dritten Punkt, über den hohen Ball auf die Vorhand aber zwei von drei Punkten (weil Ihr Gegner sie harmlos zurückspielt oder sinnlos wild draufballert), kriegt Ihr Gegner die hohen Bälle von nun an bitte regelmäßig. Prozenttennis!

Beispiel 3: Sie haben sich eine neue (aber noch fehleranfällige) Topspin-Rückhand antrainiert, weil Ihre Mannschaftskameraden über Ihren (sehr sicheren) Slice gelästert haben.

Ihr Training ist lobenswert, und vielleicht wird Ihre Rückhand ja bald eine Waffe. Im Match stellt sich aber die Frage, welcher Schlag aktuell sicherer und effektiver ist. Und genau den sollten Sie einsetzen. Was bringt es Ihnen, wenn Sie drei technisch wunderschöne (aber harmlose) Rückhände ins Feld bringen, die vierte aber (noch) ins Aus fliegt oder zu hoch im T-Feld landet? Während der Slice neun von zehn Mal stabil und platziert kommt? Denken Sie an die Prozente!

Beispiel 4: Ihr Gegner fühlt sich stets dazu berufen, einen Passierschlag mit Überschallgeschwindigkeit auszupacken, wenn Sie am Netz auftauchen. (Hinweis: Der Passierschlag ist nicht nur schnell, sondern landet in vier von fünf Fällen direkt im Zaun.)

Glückwunsch, greifen Sie weiterhin munter an!

(Bitte versuchen Sie sich nun mal selbst an Lösungen.)

Beispiel 5: Ihr Gegner kommt mit ordentlicher Vorbereitung ans Netz. Die Sonne hingegen steht schön in seinem Blickfeld und Sie haben beim Einspielen festgestellt, dass seine Schmetterbälle in zwei von drei Fällen im Aus landen.

....

....

....

....

Beispiel 6: Ihr Gegner hat eine stabile Rückhand – aber nur, wenn er Sie nicht aus dem Lauf schlagen muss.

....

....

....

....

Beispiel 7: Ihr Gegner hat eigentlich alles, was man als Tennisspieler braucht. Allerdings keinerlei Kondition.

....

....

....

....

....

Beispiel 8: (Bitte tragen Sie selbst eine Frage und Antwort ein.)

....

....

....

....

....

Seien Sie konsequent – auch am Netz!

Wir haben in den vergangenen Kapiteln ja immer wieder von der Risiko-Nutzen-Abwägung gesprochen. Von der »D-N-O«-Theorie (siehe Seite 28). Von den Prozenten. Bei all dem gilt es für Sie, konsequent zu sein. In den richtigen Momenten geduldig, aber ebenso in den richtigen Momenten aggressiv.

Heißt: Hat Sie Ihr Gegner in die Bredouille gebracht, versuchen Sie, sich *konsequent* mit einem sicheren Ball (lang! hoch!) zu befreien. Befinden Sie sich im neutralen Bereich des Ballwechsels, versuchen Sie, sich *konsequent* einen Vorteil zu verschaffen. Es heißt aber auch: Sind Sie im Vorteil, gehen Sie bitte *konsequent* in Richtung Punktgewinn!

Denn zu oft wird aus defensiven Positionen »gekloppt«, aus offensiven Lagen aber nichts gemacht. Ein kurzer, langsamer, bestenfalls noch angenehm hoher Ball wird vorsichtigst zurückgehaucht, anstatt zum Punkt verwandelt oder als Angriffsschlag genutzt zu werden – womit der Gegner schön unter Druck gesetzt und zu einem offensiven Schlag aus defensiver Lage (sprich: zu einem dummen Schlag) verleitet würde.

Üben Sie bewusst, kurze Bälle im T-Feld konsequent offensiv zu spielen. Nicht »ballern«, aber selbstbewusst mit Zug drin und platziert (nicht genau auf die Linie, aber einigermaßen in die Ecke).

Gehen Sie vor!

Mangelnde Konsequenz fällt auch am Netz auf. Denn auch hier setzen viele Akteure oft den falschen Schlag an. Speziell in den unteren Klassen tauchen nur wenige Spielerinnen oder Spieler freiwillig vorne auf, meist »müssen« sie vor, weil der Gegner einen zu kurzen Ball geschlagen hat.

Schon hier ist die Konsequenz wichtig: Ein Spieler, der dann im Niemandsland auf der T-Linie stehen bleibt, wird kaum erfolgreich sein: Er kriegt von einem schlauen Gegner den ersten Ball auf die Füße gespielt und wird dann passiert. Wenn Sie schon angreifen, dann richtig! Bauen Sie sich selbstbewusst auf der idealen Volleyposition auf, also genau zwischen Netz und T-Linie!

Machen Sie das Ding weg!

Beim Volley selbst erlebe ich es zudem immer wieder, dass tiefe Volleys viel zu riskant gespielt werden (heißt: zu flach und zu schnell). Dabei ist klar: Kriegt man am Netz einen tiefen Ball, ist der Gegner im Vorteil, man selbst in der Defensive. Ein direkter Punktgewinn? Ist nur schwer möglich, es geht alleine darum, den Ball lang ins Feld zu bekommen, um danach womöglich einen angenehmeren Volley zu erhalten. Mit angenehm meine ich einen Ball über Netzhöhe. Denn er ist es, auf den wir lauern – einen Ball, denn wir wegdrücken können (und nicht anheben müssen).

Heißt für Sie: Spielen Sie den tiefen Volley sicher und lang zurück, rücken Sie auf die ideale Volleyposition und etwas seitlich in die Richtung, in die Sie den vorherigen Ball gespielt haben. Und gehen Sie einem möglichen schwachen Rückschlag Ihres Gegners entgegen (weiter vorne ist der Volley leichter!).

Vor allem im Doppel bekommt der Netzspieler den angenehmen Volley meist direkt, er steht ja bereits vorne. Zu selten aber wird der Volley auch verwertet. Der schöne Ball über Netzhöhe wird zwar mit Druck rübergespielt, aber viel zu mittig, es braucht manchmal zwei, drei, vier Versuche, bis der Ball »tot« ist. Versuche, bei denen natürlich auch immer ein Fehler drin ist. Wird der Ball beim ersten Versuch konsequent versenkt, kann es dazu gar nicht mehr kommen.

Also noch mal: Drücken Sie einen hohen Volley zum Punktgewinn bitte direkt weg! Das bedeutet nicht, dass Sie Gewalt anwenden müssen. Eine gute Platzierung ist viel wichtiger. Ein mittelschneller, aber kontrollierter Volley in Richtung T-Feld-Eck ist die bessere Alternative als ein ultraschneller Volley genau in die Mitte auf Ihren Gegner, der ihn in Ruhe zurückblocken kann.

Hinterlistiger Tipp: Auch der tiefe Volley muss nicht immer lang gespielt werden. Üben Sie im Training, einen solchen Ball einfach abtropfen zu lassen, als Volleystopp. Auch hier gilt: Der Stopp muss nicht immer zwei Millimeter und mit extremstem Schnitt hinter dem Netz aufkommen. Auch ein »normaler« kurzer Ball reicht zum Punktgewinn meist aus.

Das Tennis-Notfallprogramm

Binden Sie sich die Schnürsenkel

Es gibt Tage, an denen nichts zusammengeht. Egal, wie viele technische oder taktische Tipps aus diesem Buch Sie schon probiert haben. Ihr Gegner ist besser oder Sie sind zu schlecht, zumindest heute. Dennoch sollten wir noch einen letzten Versuch starten, das Ding zu drehen.

Hart, aber fair

Tennis wird auf mentaler Ebene ebenso gewonnen wie auf technischer, das ist bekannt. Das Gute ist: Die Zählweise beim Tennis lässt Ihren Gegner nicht gewinnen, indem er ein Match über die Zeit schaukelt, wie beim Fußball. Selbst wenn er 6:3, 5:0 führt, braucht er immer noch mindestens vier Punkte (in kurzem Abstand), um zu siegen. Vier Punkte, zwischen denen viel Zeit zum Nachdenken liegt. Und dazu wollen wir ihn bekommen – mit fairen Mitteln!

Ein paar Anregungen

» Wechseln Sie öffentlichkeitswirksam Ihren Schläger, auch wenn Sie sicher sind, dass Ihr Auftritt heute nichts mit Ihrer Ausrüstung zu tun hat. Nehmen Sie beide Rackets und testen Sie die Saitenspannung (indem Sie mit dem Rahmen des einen gegen die Saiten des anderen klopfen, und umgekehrt). Oder lassen Sie sich vom Mannschaftskollegen einen anderen Schläger bringen. Ihr Gegner wird das registrieren und nachdenken, vor allem, wenn Sie dann direkt den ersten Punkt machen (spielen Sie ihn hochkonzentriert!).

- Holen Sie ein Buch aus Ihrer Tasche, zum Beispiel dieses. Blättern Sie darin, markieren Sie sich eine beliebige Stelle mit dem Bleistift. Oder haben Sie sich vorm Match ein paar Notizen gemacht, worauf Sie achten wollten? Lesen Sie sie durch. Ihr Gegner wird auch das registrieren (zur Not rascheln Sie ein bisschen mit dem Papier). Bedenken Sie aber die Parallelen zur Zauberei: Sie können nur ein Kaninchen aus dem Hut holen, wenn Sie vorher eins hineingesteckt haben. Heißt: Buch oder Zettel müssen sich auch in Ihrer Tasche befinden.
- Auch ein kurzer Gang ins Clubhaus, um sich eine neue Flasche Wasser zu holen (diesmal nicht den Kollegen bitten!) oder ein flüchtiger Austausch am Zaun mit dem Mannschaftsführer können Wunder bewirken. Und man kennt das ja von sich selbst, wenn man führt: Kommt der Gegner ran, von einem 5:1 auf ein 5:2, 5:3, 5:4, wird man nervös. Das sollte Ihrem Gegenüber auch so gehen. Denn wie gesagt: Die vier abschließenden Punkte braucht er immer wieder von Neuem.
- Nehmen Sie sich Zeit. Ein schlauer Spieler, der in Führung liegt, zieht das Tempo zwischen den Ballwechseln an, will das Momentum mitnehmen. Das gilt es ja zu brechen. Nehmen Sie also Tempo raus.
- Sprechen Sie sich Mut zu, auch wenn es »nur« der Spielgewinn zum 2:5 war. Ihr Gegner wird es registrieren und wissen, dass Sie keinesfalls abschenken werden.
- Bei allem gilt: Bleiben Sie fair. Es ist nicht nötig, dass Sie beim Anschlussspiel zum 2:5 ausrasten, als ob Sie gerade Wimbledon gewonnen hätten. Ständige Anfeuerungen nerven ohnehin. Aber ein kleines, seriöses »Come on!« sollte drin sein. Sie wollen Ihrem Gegner ja zeigen, dass Sie noch an sich glauben und er das Match aus eigener Kraft gewinnen muss.

Hinterlistiger Tipp: Versuchen Sie, in einem Match das Gespür zu entwickeln, wann es sinnvoll ist, das Tempo anzuziehen (weil Ihr Gegner gerade viele Fehler produziert) oder zu verlangsamen (weil Sie sein Momentum brechen müssen). Bei einer Aufholjagd und einem gewonnenen zweiten Satz kann es manchmal aber auch sinnvoll sein, dem Gegner etwas Zeit zu geben, damit er reflektieren kann, dass er gerade eine hohe Führung verspielt hat.

Denken Sie an »Katze« Braasch und geben Sie Ihrem Gegner keinen Rhythmus

1995 wurde Pete Sampras, dem Dominator der 1990er-Jahre, ein bitteres Erstrundenlos bei seinem Lieblingsturnier in Wimbledon zugeteilt. Sampras musste gegen Karsten Braasch ran, den Mann mit dem Korkenzieher-Aufschlag, der dem *tennis MAGAZIN* einst verraten hatte, seinen Return deswegen meist zu blocken, weil er sich bei einem Griffwechsel »völlig verhaspeln« würde. (Merken Sie etwas? Selbst ein Profi zieht nicht immer durch!)

Der unkonventionelle Braasch bot »Pistol Pete« enorme Gegenwehr, verlor nur mit 6:7, 7:6, 4:6 und 1:6. Sampras gewann das Turnier im Anschluss. Für seinen Erstrundengegner aber hatte er ein tolles Lob übrig. »Gegen Braasch zu spielen, ist saumäßig nervig«, meinte er.

Das »Braasch-Prinzip«

Karsten Braasch hatte den Vorteil, völlig anders als andere zu spielen. Er hatte einen fies gezwirbelten Aufschlag (und das auch noch mit links), die Vorhand spielte er mit viel Spin, die Rückhand tief als Slice. Zwischendrin tauchte er immer wieder am Netz auf. Anders gesagt: Als Gegner von Braasch erhielt man keine zwei gleichen Bälle. Man bekam null Rhythmus.

Man kennt das ja irgendwie von sich selbst: Schlägt man ein paar Kugeln mit einem Kumpel, der zügig und konstant spielt, immer ähnlich lang, mit gleicher Höhe, gleichem Spin, so kommt man meist auch gut ins Spiel. Besser noch: Man spielt meist über seinem eigentlichen Niveau. Tennis kann in diesem Fall wunderschön sein.

Steht gegenüber aber ein »Schnibbler«, ist es schwierig, selbst ins Spiel zu finden. Man muss auf jeden gegnerischen Schlag anders reagieren, mitdenken. Einen Slice zu returnieren, ist nun mal eine andere Nummer, als einen hohen Topspin-Ball zurückzubringen. Diese Gedanken sollten Sie auch mit in Ihr Spiel nehmen. Wenn Sie wissen, dass Sie gegen einen Kollegen spielen, der keine Geduld hat. Oder wenn es mit »normalem« Tennis an diesem Tag nicht läuft.

Dustin Brown hat's auch geschafft

Ein ähnliches, wenn auch spielerisch anderes »Rhythmus-Vermeidungsmatch« legte einst Dustin Brown hin. Sein Sieg über Rafael Nadal beim Wimbledon-Turnier 2015 brachte ihm großen Ruhm ein. Was hatte Brown getan? Er spielte bei eigenem Aufschlag stets Serve-and-Volley. Und riskierte bei Aufschlag Nadal gnadenlos. Auch wenn dies manchmal danebenging: Nadal kam kaum dazu, mal zwei oder drei Vorhände zu spielen, »sein« Spiel aufzubauen. Browns Ball war entweder im Aus – oder ein direkter Punkt. Ballwechsel fanden kaum statt. Browns »durchdachtes Chaos«, wie es *Spiegel Online* nannte, führte irgendwann zum Break. Und die eigenen Aufschlagspiele brachte Brown ohnehin durch. Seine stolze Gesamtbilanz gegen Nadal kann sich sehen lassen, sie lautet 2:0!

Hinterlistiger Tipp: Haben Sie die Möglichkeiten eines extremen Topspins oder eines feinen Slice-Balls, sollten Sie das nutzen. Vor allem, wenn Ihnen ein Spieler gegenübersteht, der »klassisches« Tennis spielt, vom Rhythmus lebt oder gerne schießt. Geben Sie ihm immer einen anderen Ball, lassen Sie ihn nicht ins Spiel kommen. Karsten Braasch hat es mit dieser Art Tennis bis auf Platz 38 in der Einzel-Weltrangliste gebracht!

Holen Sie den Gegner nach vorne (und spielen Sie ihm sanft auf die Füße oder lobben Sie)

Die kleinen Tipps in diesem Buch – natürlich können und sollen sie helfen, ein auf der Kippe stehendes Match zu Ihren Gunsten zu verändern. Was aber, wenn der Gegner recht deutlich überlegen ist und von der Grundlinie scheinbar makellos spielt? Dann müssen drastische Mittel her.

Einmal nach vorne, bitte!

Viele Grundlinienspieler bleiben in ihrer Wohlfühlzone. Alle guten Worte, auf kurze Bälle doch mal anzugreifen, fruchten nicht. Was aber, wenn ihnen nichts anderes übrig bleibt, als ans Netz zu gehen?

Genau hier liegt unser Ansatz. Zwingen Sie Ihren Gegner doch mal nach vorne, wenn Sie mit »normalem« Tennis auf verlorenem Posten stehen! Und schauen Sie, was er am Netz überhaupt kann.

Der »Doddel«-Ball

Geben Sie Ihrem Gegner aus einer angenehmen Position einen kurzen, flachen Ball (auf die Rückhand). Wir reden nicht von einem riskanten Stopp, sondern von einem flach gespielten Schlag, kurz vor die T-Linie. Den wird Ihr Gegner kriegen, aber dann wird's spannend: Zum Zurücklaufen ist der Weg zu weit, hier würde er zum nächsten Schlag im Niemandsland stehen (zwischen Grundlinie und T-Linie), Sie müssten dann »nur« einen langen Schlag anbringen, um sich den Vorteil oder Punkt zu holen. Das wird auch Ihr Gegner anerkennen, sollte er den Rückwärts-Weg antreten.

Nein, auf Dauer ist seine einzige Chance, Ihren kurzen Ball zum Angriff zu nutzen. Und den haben viele Spieler nicht drauf. Denken Sie kurz nach: Sie spielen ja keinen hohen Ball auf die T-Linie, den man wunderbar zum Punkt verwandeln kann. Sie »doddeln« Ihrem Gegner nichts Halbes und nichts Ganzes kurz vor die T-Linie. Einen Schlag, den er zunächst erkennen muss, worauf er sich fragen wird, was das denn ist (trainiert wird in diesem Bereich selten) und schließlich irgendeine Idee braucht, wie er Sie nun in Bedrängnis bringen soll.

Natürlich wird er den Ball rüberbringen, aber um einen direkten Punktgewinn geht es uns ja gar nicht. Wir wollen Ihren Gegner ans Netz locken, und das sollten wir mit dem »gedoddelten« Ball geschafft haben.

Jetzt ruhig bleiben!

Nun wird's entscheidend. Hat der Gegner Ihren Ball zurückgespielt und sich widerwillig am Netz postiert, achten Sie darauf, wo er steht. Viele Spieler warten an der T-Linie, die mein alter Coach einst als »Friedhof« bezeichnet hat, weil die meisten Bälle hier ihren tiefsten Punkt erreichen und man sie »ausbuddeln« muss. Geben Sie Ihrem Gegner genau so einen Volley oder Halbvolley: einen Schlag ohne Tempo, den er tief nehmen muss (und somit anheben muss, unter der Netzhöhe).

Wichtig: Widerstehen Sie unbedingt Ihrem ersten Impuls, wenn der Gegner ans Netz kommt! Meist blinkt dann gedanklich ein großes Schild mit den Lettern »GEFAHR« auf – das man insofern beseitigen will, indem man wie ein Vollidiot draufkloppt. Bloß nicht! Überlegen Sie kurz, welchen Ball Sie selbst gerne als Volley hätten: einen glatten und zügigen Ball (bei dem man den Schläger nur dranhalten muss) oder einen Ball ohne Tempo, der irgendwo in der Nähe Ihrer Füße verhungert? Eben. Und nun geben Sie Ihrem Gegner genau solch einen Ball (im Prinzip derselbe, mit dem Sie ihn nach vorn gelockt haben). Sollte noch ein Verzweiflungsvolley zurückkommen, wird dieser ein leichtes Futter zum Passieren sein, denn Ihr Gegner muss den Ball anheben. Wichtig: auch dann nicht zu wild werden, eine gute Platzierung reicht!

Rückt Ihr Gegner weiter ans Netz auf, entweder auf die perfekte Volleyposition zwischen T-Linie und Netz oder gar noch weiter nach vorne? Dann greifen Sie zum Lob. Der Schmetterball, für die Profis ein Schlag, mit dem sie 99 Prozent der Punkte machen, ist im Vereinstennis ziemlich unbeliebt – und eine große Fehlerquelle.

Haben Sie einen Punkt mit dieser Taktik gemacht? Prima! Dann spielen Sie so weiter: Setzen Sie das Grundlinienspiel Ihres Gegners außer Kraft und locken Sie ihn immer wieder nach vorne. Sollte er sich nicht überraschend als Volleygott präsentieren, wird er schon bald mit den Nerven am Ende sein.

Hinterlistiger Tipp: Spielen Sie an einem herrlichen Tag um die Mittagszeit? Wunderbar! Die Gegner-vorholen-und-überlobben-Taktik klappt oft umso besser, wenn Ihr Gegner beim Schmettern voll in die Sonne blicken muss!

Spielen Sie (ab und an) den unlogischen Ball

Kollege B. und ich spielen recht ähnlich. Unsere Vorhände sind ordentlich. Die Rückhand versuchen wir, so oft es geht, zu umlaufen, um eben die Vorhand einzusetzen. B. ist zudem einer der fitteren Zeitgenossen der Neuzeit.

Bei mir kommt auf der Rückhand zu 99 Prozent ein Slice. Ein recht stabiler zwar, aber wirklich raus aus der Rückhandmühle komme ich damit nicht. Vor allem nicht gegen jemanden wie B., der ihn an guten Tagen mit seiner Vorhand malträtiert.

Das Ganze sieht im schlechtesten Fall so aus: B. spielt seine Vorhand immer besser und entschlossener inside-out, egal, wie cross ich auch antworte. Am Ende steht er fast im entgegengesetzten Doppelfeld. Und setzt irgendwann zum Vorhand-Winner die Linie entlang an.

Gedankenspiele

Ich muss mir also etwas ausdenken. Zum einen darf ich B. nicht in die Offensive lassen, muss selbst das Geschehen bestimmen. Guter Plan – der natürlich nicht immer funktioniert. Denn B. hat mich bei den Punkten, in denen er am Drücker ist, im Griff. Und meine durchgezogene Rückhand ist deutlich zu instabil, um (aus der Defensive) dagegen anzukommen, geschweige denn, erfolgreich einen Longline-Schuss anzusetzen.

Ich muss also anders agieren. Und zwar, indem ich ab und an den eigentlich sinnloseren Ball spiele: einen Rückhand-Slice auf seine Vorhandseite.

Warum sinnlos? Nun, B. hat mich in der Rückhandecke festgenagelt. Mit einem Cross-Ball kann ich meine Position zumindest halten. Schlage ich (aus der Defensive) longline, gebe ich ihm meine Vorhandseite zum Angriff frei.

Nicht immer nur logisch spielen

Dennoch bringt mich diese Taktik gegen B. meist in die Spur. Ich setzte gegen B. öfter mal den Longline-Slice ein, um ihn zu überraschen. Wenn B. merkt, dass ich nicht mehr ausschließlich cross antworte, traut er sich nicht mehr, seine Rückhandseite komplett mit der Vorhand abzudecken – er muss nun damit rechnen, des Öfteren in seine Vorhandecke laufen zu müssen. Das Ergebnis: Ich komme auf Dauer auch wieder mit meinem cross gespielten Rückhand-Slice auf seine Rückhand – und kann (auf seinen Slice hin) selbst die Offensive im Ballwechsel übernehmen.

Wichtig, wenn Sie aus defensiver Position einen Longline-Schlag ansetzen, in unserem Beispiel die Rückhand die Linie entlang: Seien Sie schnell in Ihrer (!) Mitte, wenn Ihr Gegner den Ball trifft. In diesem Falle also leicht rechts neben der Grundlinie, um den möglichen Winkel einer Vorhand cross Ihres Gegners abzufangen!

Hinterlistiger Tipp: Meine Geschichte ist nur das Beispiel einer Spielsituation von vielen. Wichtig ist, dass Sie umdenken, sobald Sie immer wieder mit derselben Taktik auseinandergenommen werden. Und sei es mit einem Schlag, der taktisch eigentlich nicht clever ist. Auf die Dauer eines Matches gesehen bringen Sie Ihren Gegner jedoch zum Nachdenken, wenn Sie ab und an mal unlogisch reagieren. Denn er muss von nun an mit einer anderen Reaktion Ihrerseits rechnen als mit der üblichen.

Drei berühmte Traineransprachen und ihre Folgen

Auch die Profis sind manchmal ratlos – weil der Gegner zu gut spielt, weil sie selbst nichts treffen, weil die Nerven nicht mitspielen. Coaching während des Matches ist auf Profiebene umstritten, die Damentour hatte eine bestimmte Zahl an »Trainerbesuchen« auf dem Platz jedoch erlaubt – für den Fan eine wunderbare Sache! Legendär in den vergangenen Jahren waren vor allem die Vorträge von Darren Cahill (mit Simona Halep) und Philippe Dehaes (mit Daria Kasatkina).

Das schöne Wetter und die Russische Mauer

Die vielleicht besten und wirksamsten On-Court-Coaching-Momente hat Philippe Dehaes hingelegt. Beim Turnier in Dubai 2018 bekam sein Schützling Daria Kasatkina einfach kein Break hin, trotz zig Chancen. Dehaes ermutigte, es würden weitere Gelegenheiten kommen, sie müsse an sich glauben, die Returnposition ab und zu verändern, um etwas abzuwechseln. Und wenn das nicht funktioniere? Müsse sie sich die nächste Chance erspielen. Und die nächste. Seine abschließende Frage: »Willst du weiterkämpfen? Es ist doch so toll hier! Das Wetter ist wunderschön, es sind so viele Zuschauer da. Lass uns noch zwei Stunden hier draußen bleiben, okay?« Kasatkina lächelte endlich wieder. Im Anschluss wehrte sie zwei Matchbälle ab, gewann und spielte sich bis ins Finale![4]

Noch besser lief's beim Turnier in Moskau im Spätjahr 2018: Da lag Kasatkina im Achtelfinale gegen Alizé Cornet zurück und war ebenso ratlos. Dehaes verzichtete auf komplizierte Anweisungen. »Dasha, schau mich an. Willst du dieses Match gewinnen?«, fragte er. »Natürlich will ich. Ich will das ganze Turnier gewinnen«, konterte Kasatkina. »Wir machen es ganz einfach: Kennst du die Chinesische Mauer?«, fragte Dehaes weiter. »Du wirst jetzt die Russische Mauer, die gibt es noch nicht. Die ist komplett neu auf dem Markt. Auf geht's!« Und auf ging's: Kasatkina brachte im Anschluss fast jeden Ball zurück und siegte am Ende mit 3:6, 7:5, 6:4. Und nicht nur das: Wenige Tage später gewann sie sogar das gesamte Turnier![5]

»Es liegt an dir, etwas zu verändern«

Als großer Fan des On-Court-Coachings gilt Darren Cahill nicht. Er ist der Ansicht, der Großteil des Coachings sei ohnehin geschehen, bevor der Spieler auf den Platz trete, dann sei er bestenfalls schon mit einem Plan A,

---

4 https://www.youtube.com/watch?v=AtT8nS16A6U

5 https://www.youtube.com/watch?v=I-SnaNxxslQ

B und C ausgestattet. Im 60-Sekunden-On-Court-Coaching sei es schwierig, Dinge zu ändern. Hier gehe es darum, vom Spieler zu hören, was in ihm vorgehe, was ihn beschäftige. Das Ziel eines Trainers müsse es letztlich sein, den Spieler zu lehren, die Probleme im Match selbst zu lösen. So weit, so gut.

Simona Halep gelang das nicht immer. In einem Match in Miami im Jahr 2017 führte sie gegen Johanna Konta mit 6:3, 5:4 bei eigenem Aufschlag, später 5:3 im Tiebreak – der zweite Durchgang ging dennoch verloren. Halep war entsprechend frustriert und voller negativer Emotionen, was auch Coach Cahill zu spüren bekam, als er zur Satzpause auf den Platz kam und Halep zuhören musste, wie diese sich schlecht redete. Cahill blieb positiv: Es sei doch alles okay, Satzgleichstand gegen eine sehr gute Gegnerin. Aber Halep wollte davon nichts wissen und moserte weiter. Cahill kannte das – und ahnte, was passieren würde: Halep würde den entscheidenden Satz ohne große Gegenwehr abgeben, wie schon so oft.

Seine Ansage: »Du hast die Möglichkeit, etwas anders zu machen. Das ist alles, was ich sagen kann. Du warst schon einige Male in einer solchen Situation und bist meist als Zweitbeste hervorgegangen. Jetzt kannst du etwas ändern. Du kannst entscheiden, was du machen willst. Du kannst das Spiel sausen lassen – okay. Oder du kannst tief durchatmen, dein Handtuch über den Kopf ziehen und versuchen, in diesen Situationen etwas besser zu werden. So einfach ist es. Es liegt an dir. Es kommt aus deinem Inneren. Es ist kein Thema, wenn du mal alles rauslässt. So lange du bereit bist, etwas zu verändern. Und wenn sie dich schlägt, indem sie gutes Tennis spielt, kein Problem. Dann schüttle ihr die Hand und sag ihr: Gut gemacht.«[6]

Es half (zunächst) nichts: Halep verlor das Match mit 2:6 im dritten Satz deutlich. Cahill zog die Konsequenzen und trennte sich von ihr. Nicht wegen der Niederlage, sondern aufgrund ihrer Einstellung. Halep nutzte die folgenden Wochen für eine Denkpause und bat Cahill, zu ihr zurückzukehren. Sie versprach, von nun an immer alles zu geben, zu kämpfen bis

---

6 https://www.youtube.com/watch?v=gMSmtj_uA8o

zum Schluss. Es gelang ihr nicht immer, aber öfter. Und mit großen Erfolgen: 2018 gewann sie die French Open, 2019 siegte sie in Wimbledon.

»Wer kämpft, kann verlieren. Wer nicht kämpft, hat schon verloren«

Sie sehen: Manchmal geht es gar nicht so sehr um taktische oder gar technische Tipps. Sondern um die Einstellung, gerade wenn man das Gefühl hat, keine Mittel zu finden, viele Chancen liegengelassen oder eine große Führung vermasselt zu haben. Hier geht es oft nur darum, nicht abzuschenken, sondern zu kämpfen bis zum Schluss. Und am Ende sollte der Gegner einen Sieg zumindest verdienen, nicht geschenkt bekommen.

Hinterlistiger (Coaching-)Tipp: Ach ja, und falls Sie Ihren frustrierten Kollegen mal aufmuntern müssen, können Sie's auch mal mit einem Witz versuchen. Der Coach von Profispielerin Lauren Davis hat das einst beim On-Court-Coaching getan. Der Witz war übrigens gut: »Wie nennt man einen magischen Hund?« – »Labrakadabrador.«

Hilfe, mein Gegner ist ein Linkshänder!

Der Linkshänder ist kein allzu gern gesehener Sportsfreund auf der Gegenseite. Und wenn er noch so ein guter Mensch ist. Im Alltag mag es ja mancherlei Hindernis für Linkshänder geben, da ist es aber eigentlich nur fair, wenn er im Tennis über gigantische Vorteile verfügt. Und das tut er.

Der vielleicht bekannteste Linkshänder im Tennis ist übrigens gar keiner. Rafael Nadal ist Rechtshänder, als Kind spielte er sowohl Vor- als auch Rückhand beidhändig. Aber Onkel Toni ist ein Fuchs. Er ermutigte Rafa früh, die Vorhand mit links zu spielen, denn so könne er sich einen erheblichen Vorteil auf der Tour verschaffen. Und genau das tat Rafael Nadal. Ich wage zu behaupten: Als Rechtshänder wäre Nadal sicher auch ein großer Champion geworden. Aber derart viele Siege hätte er nicht gefeiert.

Der Linkshänder im Tennis hat unterschiedliche Vorteile. Zum einen ist er ein unüblicher Spielgegner für den Rechtshänder: Der ist es gewohnt, dass die gegnerische Rückhand auf der (aus seiner Sicht) rechten Seite ist; wenn er sie bearbeiten will, muss er nun umdenken. Ist der Rechtshänder in der Defensive, kann er sich aus seiner Rückhandecke gut mit einem langen, hohen Cross-Ball befreien, auf die vermeintliche Rückhand des Gegners. Beim Linkshänder ist dort die (meist stärkere) Vorhand.

Und der Linkshänder kann den Rechtshänder mit seiner Vorhand cross auf der Rückhand ordentlich bearbeiten, mit fiesen Winkeln dort halten (Topspin!). Er kann bereits mit dem Aufschlag damit anfangen: Von der Vorteilseite mit Schnitt nach außen auf die (oft hilflose) Rückhand ... und da muss man erst einmal rauskommen.

Klar kann man sagen, auch der Rechtshänder kann den Linkshänder mit Vorhand-cross-Bällen nerven. Aber er ist es nicht gewohnt, so zu spielen, schließlich muss er zu 90 Prozent gegen Rechtshänder ran!

Um die Vorteile des Linkshänders zu betrachten, schauen Sie sich einfach mal ein paar Minuten eines Sandplatzmatches von Rafael Nadal gegen Roger Federer an. Taktisch war da nie so viel los, die Sache war recht simpel: Nadal spielte Federer gefühlt ständig hoch abspringende Vorhandbälle auf dessen Rückhand, bis Federer entweder verzog, zu kurz wurde oder so weit außerhalb des Feldes stand, dass Nadal mit dem Longline-Schuss zum Punkt kam. Keine Astrophysik – aber extrem erfolgreich. Nadal konnte im Matchup der beiden Giganten sein Spiel durchziehen wie immer, Federer hingegen musste extrem umstellen. Auch, wenn er selbst am Drücker war: Sein bester Schlag, die Vorhand inside-out, kam gegen Nadal auf dessen (stärkere) Vorhand.

Die entscheidenden Punkte

Ein weiterer Vorteil des Linkshänders ist die Zählweise im Tennis. Sein gefährlichster Aufschlag ist der Slice-Aufschlag von der Vorteilseite – hier beginnt er gerne bereits mit der Rückhandmühle. Und die entscheidenden Punkte im Tennis werden von der Vorteilseite ausgespielt: Beim 40:30, 30:40, beim Vorteil, ebenso bei 30:15 oder 15:30 (hier entscheidet der nächste Punkt über mögliche zwei Spiel- oder Breakbälle!).

Auch im Tiebreak geht es bei knappen Spielständen immer links um den Satzgewinn!

Wie also dem Linkshänder beikommen?

Meist gilt es vor allem, aus der Rückhandfalle zu entkommen. Mit unserem viel gepriesenen langen Cross-Ball geht das kaum; und wird er noch zu kurz, ist der Weg zum Longline-Schuss frei.

Wir müssen also umdenken: Der effektivste Defensivschlag gegen den Linkshänder ist der lange Ball in die Platzmitte, vielleicht etwas (links) versetzt, auf die Rückhand des Linkshänders. Hiermit nehmen wir ihm den Winkel, uns wieder auf der Rückhand festzunageln oder gar aus dem Platz zu treiben. Oft muss der Linkshänder in die Platzmitte zurückspielen, oder er geht cross. Und dann können wir mit der Vorhand die Initiative übernehmen.

Hinterlistiger Tipp: Wissen Sie, dass Ihr nächster Gegner mit links spielt, schnappen Sie sich einen Linkshänder als Trainingspartner. Falls keiner da ist, trainieren Sie so, als wäre Ihr Kollege einer. Spielen Sie also verstärkt auf die vermeintliche Rückhandseite, befreien Sie sich mit langen Bällen durch die Mitte. So sind Sie zumindest einigermaßen gewappnet.
Und wenn Sie selbst Linkshänder sind? Haben Sie einen gigantischen Vorteil gegen Rechtshänder. Arbeiten Sie speziell an einem guten Vorhand-Topspin cross und an Ihrem Slice-Aufschlag von der Vorteilseite. Damit werden Sie einen Großteil Ihrer Matches bestimmen – und gewinnen!

TEIL 2

Auf dem Trainingsplatz

Üben Sie die »Aufschlag + 1«-Kombi

Es ist quasi DIE Roger-Federer-Taktik! Und die von Rafael Nadal. Und die von mittlerweile vielen Spielern …

Ein Gedanke vorweg: Die Vorhand ist bei den meisten Spielern der stärkere Schlag. Ich könnte Ihnen nun mit physikalischen Grundsätzen kommen, warum man auf der Vorhandseite mehr Zug in den Schlag bekommt, aber ehrlich gesagt habe ich davon keine Ahnung. Eine Umfrage unter Ihren Vereinskollegen sollte jedoch bestätigen, dass gut 90 Prozent die Vorhand lieber einsetzen als die Rückhand. Das ist bei den Profis nicht anders. Auch wenn Stan Wawrinka, Dominic Thiem und Co. über eine fantastische Rückhand verfügen, über die mehr geschrieben wird als über die Vorhand, ist es dennoch letztere, die sie lieber spielen. Und mit der sie mehr punkten.

Schauen Sie sich – auf YouTube – ein paar Federer-Ballwechsel an und beobachten Sie, wie der Maestro sich direkt nach dem ersten Aufschlag nach links orientiert. Im Zweifel kommt der Return in die Mitte, allenfalls locker auf die Rückhand. Und genau diese Bälle will Federer bereits mit der Vorhand nehmen, um den Ballwechsel daraufhin zu bestimmen!

Warum nur über den Aufschlag?

Klar: Nur die wenigsten von Ihnen werden über einen Aufschlag wie Roger Federer verfügen (um es mal vorsichtig zu formulieren). Sollten Sie aber zumindest einen effektiven Aufschlag im Repertoire haben, können Sie die

Federer-Taktik sofort einsetzen. Wichtig ist der frühe Gedanke: Nach dem Aufschlag auf einen harmlosen Return in die Mitte spekulieren – und früh umlaufen.

Aber auch im Ballwechsel können Sie sich die Federer-Taktik zunutze machen. Und zwar so:

» Versuchen Sie, alle mittigen Bälle mit der Vorhand zu spielen und somit beständigen Druck aufzubauen! (Sie werden damit auch eine bessere Beinarbeit trainieren.)
» Bewegen Sie sich früh zu kurz mittig geschlagenen Bällen, um mit der Vorhand zu punkten!
» Überlegen Sie, was von Ihrem Gegner nach einem ordentlichen Ball auf dessen Rückhand zurückkommen wird. Nur im seltensten Fall wird dies ein Longline-Schuss auf Ihre Vorhand sein. Somit sollten Sie früh auf einen harmlosen Ball in die Platzmitte spekulieren – den Sie wunderbar umlaufen können, um am Drücker zu bleiben.

Hinterlistiger Tipp: Machen Sie sich keinen Kopf, falls Ihrem Gegner doch mal ein Rückhand-Longline-Schuss gelingen sollte. Denn dann haben Sie sich vermutlich in seinem Kopf festgesetzt: Ihr Gegner weiß, dass Sie umlaufen werden, um die Vorhand einzusetzen, und er will das verhindern. Lassen Sie ihn den Rückhand-Longline-Ball noch mal versuchen. In den meisten Fällen wird er ein einmaliges Zufallsprodukt für ihn bleiben. Falls nicht, kein Problem: Dann ändern Sie einfach Ihre Taktik – und geben Ihre Vorhandseite nicht mehr ganz so großzügig frei.

Ein Slice würde dem Spiel guttun

Kommen wir zu einem meiner Lieblingsschläge: zum Rückhand-Slice. Er ist auf der Tour immer seltener zu bewundern. Power-Tennis dominiert in der Weltspitze, die beidhändige Rückhand wird ab der Kindheit im Drill-Training eingetrichtert und der gute alte Slice verliert an Bedeutung. Dabei ist er so wirkungsvoll! Und das selbst dann, wenn er nicht perfekt gespielt ist.

Der Lieblingsschlag von Ashleigh Barty

Steffi Graf (die Älteren unter Ihnen werden sich erinnern) spielte kaum einen anderen Schlag auf der vermeintlich schlechteren Rückhandseite, und die Kombination aus Vorhandhammer und tiefem Slice war der Todesstoß für fast jede Gegnerin.

Auch der große Ken Rosewall (die sehr viel Älteren unter Ihnen werden sich erinnern) spielte ihn wie kaum ein anderer. Auf die Frage, warum er denn nie eine Topspin-Rückhand gespielt habe, antwortete er einst: »Weil ich noch nie eine gebraucht habe.« Das ist aus heutiger Sicht vielleicht übertrieben. Dennoch ist es schade, dass nicht nur auf der Tour, sondern auch im Verein kaum noch ein Slice zu sehen ist. Der Slice macht Spaß, wenn man gelernt hat, mit ihm zu spielen. Dann ist er sogar als Angriffsball denkbar (als der er früher öfters genutzt wurde).

Ashleigh Barty ist eine der wenigen Spielerinnen, die eine beidhändige Rückhand spielt, aber dennoch einen genialen Slice im Repertoire hat – und diesen häufig einsetzt. Bartys Slice ist neben Nadals Topspin wohl der unangenehmste Schlag im Welttennis, weil er extrem flach abspringt und für ihre Mitspielerinnen so ungewohnt ist. Aus der Defensive zirkuliert Barty meist einen langen, langsamen Slice über die gesamte Platzhälfte und verschafft sich damit Zeit und Raum, um wieder in die Mitte zu rücken; ist sie selbst am Drücker, senst sie auch mal einen Slice die Linie entlang, bissig und gemein, mit extra Schnitt nach außen. Und beim Return chippt Barty den gegnerischen Aufschlag gerne kurz und flach zurück, wie Roger Federer. Der Schweizer Maestro hat diesen Ball perfektioniert, der so unscheinbar wirkt, aber den Gegner so dumm aussehen lässt, weil der einfach nichts damit anfangen kann, gefangen im Niemandsland zwischen T-Linie und Grundlinie.

Darum sieht man den Slice immer seltener

So selten der Slice mittlerweile bei Erwachsenen zu sehen ist – im Jugendbereich ist er fast komplett ausgestorben. Der Grund ist auch hier simpel: Neun von zehn Kids lernen eine beidhändige Rückhand, die es alleine aus technischer Sicht schwieriger macht, einen guten Slice und entsprechend auch guten Volley zu beherrschen. Zudem »braucht« man als Beidhänder selten einen Slice. Während der Einhänder ohnehin oft nur über eine eher schwache Topspin-Rückhand verfügt und sich mit dem Slice vor hohen Bällen retten kann (und ihn so quasi lernen MUSS), ist der Beidhänder auch bei Bällen über Schulterhöhe einfach aus dem Schneider: Durch die Unterstützung der freien linken Hand kann er dem Ball auch ziemlich weit oben noch genügend Druck hinterhergeben.

Genau das ist Ihre Chance!

Warum einen Schlag lernen, den man ohnehin nicht braucht? Genau darum: weil ihn auch auf gegnerischer Seite kaum noch jemand kennt. Und so kaum damit umgehen kann. Gegen meinen ehemaligen Tennisschüler D., der mittlerweile drei Klassen höher spielt, als ich es je getan habe, hilft mir mein Slice heute noch ungemein. Und der Schlag hat mir neulich ein zweifelhaftes, aber ehrliches Kompliment eingebracht: »Das ist total ungewohnt, keiner spielt mehr so wie du«, kommentierte D., als ich ihm mit gefühlvollen Slice-Bällen einen Elfer-Satz abgeknöpft hatte.

Warum der Slice so wirkungsvoll ist? Selbst wenn er mit nur wenig Rückwärtsdrall geschlagen ist, verändert er den Rhythmus des Ballwechsels; er bringt den Gegner, der sich über mehrere Ballwechsel an gleichmäßig abspringende Bälle gewöhnt hat, aus dem Konzept. Der Slice zwingt ihn dazu, unter den Ball zu gehen, ihm mehr Topspin mitzugeben und die müden Knochen für die tiefen Bälle weiter nach unten zu verlegen.

Fangen Sie erst mal klein an

Lassen Sie sich von einem Trainer die Slice-Technik zeigen (oder suchen Sie ein entsprechendes Video auf YouTube) und beginnen Sie damit, im T-Feld über kurze Distanz zu slicen. Ohne großartige Ausholbewegungen oder Ausschwünge. Klappt? Dann gehen Sie weiter nach hinten, versuchen Sie, auch innerhalb einiger Ballwechsel auf kurze Bälle des Gegners den Slice einzusetzen. Wenn Sie sich einigermaßen sicher fühlen, nutzen Sie Ihre neue Waffe auch in der Medenrunde. Nicht gleich bei kritischen Spielständen, aber immer mal wieder zwischendurch. Denn selbst wenn der Slice zunächst nicht optimal auf der Gegenseite ankommt, sondern womöglich zu lang, zu kurz, zu hoch und mit zu viel Rückwärtsdrall, wird Ihr Gegner überrascht sein. Und Sie mit einigen Fehlern belohnen.

Hinterlistiger Tipp: Anfangs ist es oft schwierig, ein Gefühl für die richtige Länge zu bekommen. Aber das macht nichts. Springt Ihnen Ihr Slice viel kürzer ins gegnerische Feld als geplant, lassen Sie sich im Match nichts anmerken. Im Gegenteil: Ihr Gegner wird glauben, dass Sie nicht nur den Slice beherrschen, sondern auch den Stopp!

Machen Sie sich groß!

Der alte Fußballtrainer Otto Rehhagel war für vieles berühmt. Eine Sache, die Otto liebte: große Abwehrspieler. Seine Begründung klang logisch. »Einsneunzig kannst du nicht lernen«, sagte Rehhagel. Recht hatte er.

Auch im Tennis ist Größe nichts, was man trainieren kann. Ivo Karlovic, Reilly Opelka und John Isner, die Ass-Giganten der Tour, werden müde lächeln, mit 2,11 und 2,08 Metern Körpergröße haben sie auch allen Grund dazu. Dennoch kann jeder Normalo zumindest das Beste aus seiner Größe rausholen, indem er sich in bestimmten Situationen so groß wie möglich macht.

Darum ist ein hoher Treffpunkt wichtig

Natürlich sind lange Arme und Beine gut, Hebelwirkung, Kraftübertragung, das ganze Programm. Auch in Grundlinienduellen deckt ein zwei

Meter großer Gegner mehr ab als einer mit knappen einsfünfzig, teilweise wirkt es, als müsse er sich gar nicht bewegen, als sei er immer da. Mein Kollege McSlice ist so einer.

Beim Aufschlag sind die Größenunterschiede am deutlichsten zu sehen. Kaum ein großer Profi, der nicht über einen überdurchschnittlich guten Aufschlag verfügt. Hierbei ist nicht mal die Hebelwirkung oder die Power entscheidend. Sondern vielmehr der Winkel.

Denken wir mal logisch. Serviert ein Spieler mit 1,60 Metern ohne Streckung, ist der Winkel, den der Ball hat, um nicht ins Netz oder Aus zu fliegen, sehr gering. Könnte man sich auf einen breiten Stuhl stellen und aus vier Metern Höhe servieren, würde man wohl kaum noch einen Aufschlag verfehlen. Netzfehler? Kaum möglich. Bälle im Aus? Ebenfalls schwierig. Aus vier Metern Höhe könnte man einfach draufzimmern und den Winkel von ganz oben nutzen, um den Ball fast senkrecht ins T-Feld zu kloppen.

Volle Streckung!

Das System ist dasselbe, wenn wir in kleineren Zahlen denken. Jeder Zentimeter, den man von weiter oben servieren kann, vermindert das Netz- oder Aus-Risiko, es ist reine Physik. Größere Spieler haben auch hier den Vorteil: Strecken sie sich und machen sich im Moment des Treffpunkts so groß wie möglich, kommen sie natürlich noch weiter nach oben. Aber auch kleinere Spieler sollten versuchen, alles aus dem Aufschlag rauszuholen, was geht!

Hinterlistiger Tipp: Okay, der Tipp ist gar nicht sooo hinterlistig, es ist einfach nur ein Tipp. Viele Spieler kommen beim Aufschlag nicht in die Streckung, auch wenn sie denken, dass sie es tun. Das Problem ist oft der linke Arm, zu häufig bleibt er nach dem Ballwurf nicht lange genug oben. Die Folge: Der Körper sackt zusammen, und das vorm Treffpunkt. Arbeiten Sie daran: Werfen Sie den Ball nach oben, halten Sie den linken Arm gestreckt, gehen Sie kurz noch etwas in die Knie, um sich dann aus dem Boden abzudrücken. Strecken Sie sich, so als müssten Sie mit der rechten Hand etwas von einem hohen Schrank herunterschubsen, an das Sie gerade so drankommen. So holen Sie noch einige Zentimeter an Höhe heraus und werden Ihre Aufschlagquote deutlich verbessern!

Schlägertests – nicht nur was für Profis

Sie glauben, ein Tennisschläger ist wie der andere? Ha, von wegen! Natürlich: Unsereins ist vielleicht nicht derart empfindlich wie die Profis. Denn da gibt's einige Geschichten … Die von Pete Sampras zum Beispiel. Der spielte Zeit seiner Karriere ausschließlich den (mittlerweile legendären) *Wilson Pro Staff 6.0 85*. Das Teil hatte eine nur 548 cm² kleine Schlagfläche, wog mit Bleibändern getunt 390 g und hatte einen lediglich 17 cm breiten Rahmen.

Aber das war nicht alles: Sampras spielte ausschließlich mit Schlägern, die in der Fabrik auf der karibischen Insel St. Vincent hergestellt wurden. Warum? Sampras war einerseits extrem abergläubisch, zum anderen war bekannt, dass die Arbeiter der dortigen Fabrik bis dato nichts mit Schlägerbau zu tun hatten – und sich somit keine schlechten Gewohnheiten antrainiert hatten. Sie folgten den Instruktionen von Wilson punktgenau. Sie hatten untereinander gar einen Wettbewerb laufen, wer am wenigsten Rückläufer produzierte! Das Ergebnis: Ein Schläger glich dem anderen bis aufs Gramm (oft wiegen angeblich gleich schwere Schläger nämlich doch etwas mehr oder weniger).

Der Schläger ist der verlängerte Arm

Okay, so krass wie »Pistol Pete« müssen wir uns nicht anstellen. Aber wenn man einigermaßen Tennis spielen kann, merkt man den Unterschied zwischen einem *Babolat Pure Drive* und einem *Head Prestige* doch. Und hier sollten Sie anknüpfen: Holen Sie sich ein paar Testschläger und probieren

Sie etwas herum. Das muss keine Wissenschaft werden. Aber manche Schläger (wie der *Babolat Pure Drive* oder *Pure Aero*) nehmen mehr Spin an. Andere (wie der *Head Prestige* oder der *Wilson Pro Staff*) eignen sich mehr für klassische Spieler, die eher »gerade« spielen. Der richtige Schläger kann Sie in Ihrer Spielweise unterstützen. Und das sollte nicht schaden.

Außerdem ist vieles Geschmackssache. Manche Spieler fühlen sich mit größeren und breiteren Rahmen wohler (man verschlägt weniger Bälle, weil die Schlagfläche größer ist), andere kommen mit dem Handling eines kleineren und schmaleren Kopfes besser klar (für mehr Kontrolle). Testen Sie, hören Sie sich die Tipps von Experten an. Aber vertrauen Sie vor allem Ihrem Bauchgefühl: Wenn Ihnen ein Schläger besser in der Hand liegt als der von den Zahlen her logischere – greifen Sie zum ersten. Der Schläger ist die Verlängerung Ihres Arms beim Tennis. Und sollte sich entsprechend natürlich anfühlen.

Neue Saiten ausziehen

Wenn Sie den richtigen Schläger für sich entdeckt haben, schrecken Sie nicht davor ab, verschiedene Saiten und Bespannungshärten zu testen. Die starreren Polyestersaiten halten lange und bieten viel Kontrolle beim Topspin, weiche Multifilamentsaiten sorgen für Armschonung und Gefühl, und eine Mischung (Hybrid) bietet das Beste beider Welten. Probieren Sie's mal aus!

Sampras blieb stur, Federer war offen

Alles Blödsinn, finden Sie – Ihre 15 Jahre alte Keule hat schon immer gute Dienste geleistet? Nun, auf dem Racketmarkt hat sich schon was getan, vor allem für den Amateurbereich. Die Profis bleiben oft stur. Sie preisen auf Werbeanzeigen zwar immer neue Modelle an, spielen aber oft noch ihren Schläger von vor 20 Jahren, übertüncht im neuen Design, um die Verkaufszahlen ihres Herstellers zu pushen.

Was nicht immer gut sein muss: Pete Sampras bereute es beispielsweise, nicht mal auf ein größeres Pferd gesetzt zu haben. Denn zum Ende seiner Karriere war sein Schläger überholt, zu klein für das modernere Tennis.

Roger Federer machte es besser, er stieg 2014 auf ein größeres Modell mit mehr Power um. Der Erfolg in den Jahren danach gab ihm Recht. Nehmen Sie sich ein Beispiel am Schweizer Maestro!

Hinterlistiger Tipp: Lassen Sie sich von den Schlägerfirmen nicht übers Ohr hauen. Nur weil das neue Modell diesen angeblich nigelnagelneuen Stoff aus der Weltraumfahrt im Rahmen hat, muss man doch selbst Tennis spielen. Schlägerfirmen preisen jährlich neue Rackets mit angeblich wahnsinniger Power, ultimativer Kontrolle und nie dagewesenem Komfort an. Letztlich ist vieles Schmu und im Jahr drauf wieder verschwunden, wenn ein neues Wundermaterial eingesetzt wird. Greifen Sie bei den Auslaufmodellen zu, die sind meist deutlich reduziert und letztlich genauso gut.

Spielchen und Übungen

Die ganze Tenniswelt ist ein T-Feld

Viele Spieler wollen gleich loskloppen, dabei ist das Spiel im Kleinen die große Kunst! Das T-Feld ist die verkleinerte Form des Tennisplatzes – beginnen Sie hier! Spielen Sie einen kurzen Satz im gesamten T-Feld (nur mit locker gespielten Bällen natürlich). Oder machen Sie ein Spielchen in einer Hälfte (plus Doppelfeld) – perfekt, um Volleys und Touch zu trainieren. Oder üben Sie ein Doppel: Auch hier kann man wunderbar das Spiel am Netz simulieren, ohne Angst vor dem Volley haben zu müssen!

Üben Sie Topspin und Slice

Ich hatte es im Kapitel »Denken Sie an den Drall« (siehe Seite 50) angesprochen: Der Topspin ist genial! Üben Sie ihn auch im T-Feld. Heißt:

Spielen Sie »ganze« Schwünge, ohne mittendrin abzubrechen, dafür mit viel Vorwärtsdrall (bürsten!). Und dass Sie den Slice im T-Feld üben, um ein erstes Gefühl dafür zu bekommen … das versteht sich von selbst, oder?

Denken Sie an die freie Hand

Viele Spieler nutzen die linke Hand nur zum Bällesammeln und Ballhochwerfen. Doch die linke Hand ist viel wichtiger. Hält man den Schläger nur rechts, verkrampft man irgendwann, vielleicht kommt's gar zum Tennisarm. Greifen Sie Ihren Schläger am besten zwischen jedem Punkt mit der linken Hand am Schlägerherz (der Zeigefinger berührt knapp die unteren Saiten). Noch besser: nach jedem Schlag. Die linke Hand sollte das Umgreifen zwischen Vor- und Rückhandgriff regeln und beim Ausholen zur Vorhand ein Stückchen mit nach rechts gehen (statt links runterzuhängen), um die Oberkörperrotation zu fördern. Greifen Sie mit der rechten Hand erst fest zu, kurz bevor Sie den Ball treffen, beim Auffangen über der linken Schulter übernimmt die linke Hand wieder den Schläger. Sie werden sehen, dass Sie bald entspannter spielen, mit Schwung statt Kraft. Und das ist das Ziel im Tennis.

Machen Sie den Splitstep

Die meisten Spieler stehen bei mäßigem Spieltempo auf dem Platz und warten auf den Ball des Gegners. Kommt der in die Ecke, bewegen sie sich. Kommt er in die Mitte, bleiben sie erst mal stehen und schlurfen mühsam zum Ball. Fehler! Denn kein Ball wird so ankommen, dass man sich überhaupt nicht bewegen muss. Versuchen Sie immer genau dann, wenn Ihr Gegner den Ball trifft, einen Splitstep zu machen (nur etwas abspringen, Sie müssen nicht zwei Meter in die Luft hüpfen!). Üben Sie den Splitstep beim entspannten Bälleschlagen, bis Sie ihn so verinnerlicht haben, dass Sie ihn im Match automatisch machen. (Denken Sie an den Fußballtorwart: Wenn der Stürmer schießt, macht auch der Torhüter einen Splitstep, weil er damit viel besser aus den Hufen kommt.)

Bleiben Sie im Gleichgewicht

Früher galt: Bei der Vorhand den linken Fuß nach vorne, bei der Rückhand den rechten. Das ist nicht falsch, speziell im Profitennis spielt aber der offene Stand bei der Vorhand (teils gar bei der Rückhand) eine immer größere Rolle. Warum? Man gewinnt Zeit, weil man sich bei der Vorhand während des Schlags vom rechten auf den linken Fuß abdrückt und direkt wieder in die Mitte tendiert. Und man gewinnt an Gleichgewicht. Probieren Sie es aus: Stellen Sie Ihre Beine bei einer langen Vorhand mehr als schulterbreit auseinander, ungefähr im 45-Grad-Winkel zur Gegenseite, drücken Sie sich beim Ausholen mit dem rechten Bein in den Boden (gehen Sie etwas ins Knie) und stoßen Sie sich während des Schlags aufs linke Bein. (Schlag- und Beinbewegung bilden quasi eine Einheit.) Viele Spieler fühlen sich durch diesen offenen Stand stabiler, und ein ruhiger Körper während des Schlags ist vielleicht die wichtigste Voraussetzung, den Ball gut ins andere Feld zu bekommen! (Sollten Sie mit dem neuen Stand bei der Vorhand nicht klarkommen, bleiben Sie bitte bei Ihrem alten!)

Die Notfall-Übung

Erinnern Sie sich an unseren Gedanken, dass Tennis ein Spiel der Notfälle ist (siehe Seite 17)? Spielen Sie mit Ihrem Trainingspartner doch mal Notfalltennis. Und das geht so: Spieler A versucht, Spieler B in Notfallsituationen zu bringen – durch hohe Bälle auf die Rückhand, einen kurzen flachen Slice, viel Spin auf die kurze T-Feld-Seite … Sie erinnern sich an die sechs/sieben Zielbereiche auf dem Tennisplatz (siehe Seite 26)?

Wichtig: A soll sich bei jedem Schlag etwas denken und bloß nicht »einfach so rüberspielen«. Es geht um lange Ballwechsel, Schüsse sind also untersagt. B versucht zu neutralisieren. Danach werden die Rollen getauscht.

Welchen Drall spielt mein Gegner?

Schlagen Sie lange Bälle mit Ihrem Partner. Vereinbaren Sie, dass er die Drallarten variiert. Mal soll er mit viel Topspin, mal mit Slice spielen. Achten Sie darauf, wie Ihr Partner schlägt: Holt er oben aus? Kommt ein Slice (und Sie müssen dem Ball etwas entgegen gehen)? Bürstet er den Ball von unten? Wird es ein Topspin (der Sie, je nach Länge, eher nach hinten treiben wird)? Versuchen Sie, ein Verständnis hierfür zu bekommen und sich rechtzeitig zu positionieren. Einen Topspin oder Slice sollte man nicht erst am merkwürdigen Ballabsprung auf der eigenen Seite erkennen (»Huch!«), sondern bereits an der Ausholbewegung des Gegners (»Das plant er also, der alte Räuber!«).

Bauen Sie sich eine Netzerhöhung

Wir haben bereits mehrfach darüber gesprochen: Man muss nicht jeden Ball nur Millimeter über der Netzkante auf die andere Seite befördern. Höhe ist wichtig, denn sie gibt Ihnen Länge! Eine schöne Hilfe ist eine Netzerhöhung. Nehmen Sie etwas Absperrband und befestigen Sie es auf knapp doppelte Netzhöhe (einfach an zwei Schiedsrichterstühle knoten, diese etwas auseinanderschieben für die Spannung). Spielen Sie mit Ihrem Partner mit ordentlich Topspin drüber, am besten Cross-Bälle (15 Minuten Vorhand cross, 20 Minuten Rückhand cross). Sie werden überrascht sein, wie Sie Ihren Partner in Bedrängnis bringen oder Sie selbst in Not kommen. Und sich wiederum mit einem langen Cross-Ball befreien müssen. Schöner Nebeneffekt: Man übt dabei auch wunderbar, seitlich nach hinten zu laufen, um das Gleichgewicht zu behalten.

Spielen Sie den »Classico«

Lauern Sie auf Ihre Chance! Und zwar so: Spielen Sie lange Cross-Bälle mit Ihrem Partner. Sobald ein Ball im T-Feld landet (oder auf der falschen Seite), hat der andere die Chance, longline zu gehen – damit ist der Punkt eröffnet! Entscheidet er sich jedoch dazu, noch mal cross zu gehen, bleibt es bei der Cross-Rallye. Bis wieder ein zu kurzer Ball kommt. Dasselbe dann mit der Rückhand.

Variante: Landet ein Ball im T-Feld, müssen Sie attackieren und ans Netz aufrücken!

Inside-out

Eine Tennisübung, bei der man lernt, ordentlich die Rückhand des Gegners zu massieren! Und so geht's: Beide Spieler stehen auf ihrer jeweiligen Rückhandseite, nur diese Platzhälfte ist also im Spiel. Spieler A hat die Aufgabe, mit der Vorhand inside-out zu attackieren, Spieler B verteidigt mit der Rückhand. A kann auch inside-out angreifen, ab dann ist das gesamte Feld geöffnet, B darf also im Zweifel auch longline passieren.

Spiel bis elf Punkte, danach Wechsel des Angreifers/Verteidigers.

Greifen Sie an!

Haben Sie schon immer davon geträumt, ein guter Volleyspieler zu werden? Ich auch … und im schlanken Alter von knapp 40 Jahren habe ich mich dazu entschlossen, diesen Traum in die Tat umzusetzen. Der Plan im kommenden Sommer: in allen Elfern, die ich mit Kumpels spiele, mindestens dreimal am Netz auftauchen (klingt nicht viel, aber überlegen Sie mal, wie oft Sie wirklich nach vorne kommen). Das Problem beim Angriff aus freien Stücken ist der erste Volley.

Und um den zu verbessern, versuchen Sie folgende Übung: Starten Sie an der Grundlinie und spielen Sie einen Ball aus der Hand zu Ihrem Gegenüber an. Dann sprinten Sie nach vorne. Ihr Gegner soll nun seinen ersten Schlag mit ordentlich Zug spielen, dafür aber direkt auf Sie (sonst wäre es zu einfach). Und da haben Sie ihn, den ersten Volley, den Sie im Bereich der T-Linie spielen müssen. Wichtig: Machen Sie einen Splitstep in dem Moment, in dem Ihr Gegner den Ball trifft, gehen Sie dann aber weiter nach vorne, sobald Sie erkannt haben, wohin der Ball kommt! Denken Sie dabei an Stefan Edberg: Im Zweifel erst mal lang ins Feld vollieren (ist schwer genug), am besten gegen den Lauf des Gegners, um sich selbst eine bessere Position zu verschaffen (zwischen Netz und T-Linie und etwas versetzt in Richtung des geschlagenen Balles). Dann: wieder Splitstep, wenn der Gegner trifft, und zum zweiten Volley entgegengehen und punkten!

Spiel bis sieben Punkte, dann wechselt der Angreifer.

Spielen wie die Legenden

Spielen Sie so variabel wie Roger Federer

Hat jemals ein Spieler solch ein Tennis gespielt wie der Schweizer Maestro? So scheinbar entspannt, schwerelos, mühelos? Vermutlich nicht. Klar ist, dass es nur einen Federer gibt und Versuche des Nachahmens oft scheitern. Andererseits: Wenn wir uns etwas von den Profis abschauen wollen, dann doch bitte auch vom besten Spieler aller Zeiten!

Federer hatte schon als Jugendlicher eine feine Technik und alle Schläge im Repertoire. Und das war nicht immer ein Vorteil. »Wer die Wahl hat, hat auch die Qual«, heißt es so schön – und im Falle des Schweizers war es nicht anders. Der junge Federer musste sich zu oft entscheiden, welchen Ball er nun spielen wollte, schließlich hatte er einige Alternativen parat. Meist zu viele, und Federer packte gerne mal die ungünstigere Variante aus. Im Gegensatz zu einigen Gegnern, die auf ihr Spiel festgefahren waren, dieses aber stur (und erst mal erfolgreicher) durchzogen.

Bis in seine frühen 20er-Jahre dauerte es, bis Federer herausgefunden hatte, welche Schläge er wann am besten auspacken musste. Und ab dann lief es! (Auch, weil Federer irgendwann vom Heißsporn zum Mr. Cool mutierte und lernte, seine Emotionen besser zu kontrollieren.)

Spin, Slice & SABR

Federer ist besonders für seinen Variantenreichtum bekannt. Er kann quasi jeden Schlag perfekt und hat somit mehrere Möglichkeiten, einen Ballwechsel aufzubauen. Klar: Federer spielt gerne seine Lieblingskombi,

Aufschlag plus Vorhandwinner. Wer tut das nicht. Im Ballwechsel aber variiert Federer wie kein Zweiter, vor allem mit der Rückhand immer wieder zwischen Topspin und Slice, den er gerne auch mal absichtlich kurz und mit ordentlich Biss ins T-Feld platziert, um den Gegner ein paar Schritte nach vorn zu holen und dann entweder zu passieren oder, sollte der Gegner noch im Niemandsland herumirren, mit der Vorhand die Initiative zu übernehmen.

Zu Beginn seiner Karriere, als Rasen noch schnell war und noch auf Teppich gespielt wurde, spielte Federer ein lupenreines Serve-and-Volley, das er 2014 dank Stefan Edberg als »Supercoach« wieder intensiviert hat. 2015 erfand Federer zudem die krasse Form des Chip-and-Charge, indem er beim Return so schnell und weit ins Feld spazierte, dass er den Aufschlag als Halbvolley annahm und sich am Netz aufbaute (was den Gegner völlig irritierte, vor allem auch mit dem Wissen, dass Federer diese Aktion bald wiederholen könnte). Diese *Sneak Attack by Roger* hat als *SABR* mittlerweile sogar einen halboffiziellen Namen.

Ein Slice mit massig Backspin

Es wird immer wieder über die Zahl der Umdrehungen beim Topspin gesprochen, Rafael Nadal liegt hier mit teils mehr als 5000 Umdrehungen/Minute (auf Sand) in Front. Aber auch Federer hat ordentlich Spin im Schlag, wenn er will (und nicht lieber glatt durchzimmert, was er natürlich auch kann). Vor allem Federers Slice hat ordentlich Biss! Achten Sie mal drauf: Das ist kein Edberg- oder Rafter-Slice aus früheren Jahren, mit dem Schlägerkopf in Richtung des Schlags. Federer senst beinahe senkrecht nach unten, um extra Biss in den Ball zu bekommen, um ihn flacher und schneller zu spielen. Ein Graus für den Gegner, der sich zwischen Topspin und bissigem Slice immer wieder umstellen muss, selten weiß, was ihn erwartet und wenig Rhythmus bekommt, sein eigenes Spiel aufzubauen.

Spielen Sie wie der Maestro!

Natürlich ist es unmöglich, Roger Federer nachzuahmen. Aber versuchen Sie doch auch mal, mehr Varianz in Ihr Spiel zu bekommen. Wechseln Sie zwischen Topspin und Slice und irritieren Sie Ihren Gegner mit einer Serve-and-Volley-Einlage!

Hinterlistiger Tipp: Wagen Sie auch mal Chip-and-Charge! Dabei ist es (fast) egal, ob Sie erfolgreich sind. Ihr Gegner wird sich von nun an bei seinen Aufschlägen darauf gefasst machen, dass Sie mit dem früh genommenen Return direkt nach vorne stürmen könnten. Die Folge: Er wird riskanter servieren und ein paar Doppelfehler mehr einstreuen als üblich.

Machen Sie »den Edberg« – und greifen Sie auf alles an, was nicht bei drei auf dem Baum ist

Neulich habe ich ein altes Match von Stefan Edberg geschaut. Okay, das tue ich öfter, denn Edberg war immer ein Sehnsuchtsspieler: Ich hätte so gerne gespielt wie er! Edberg war der wohl beste Serve-and-Volley-Spieler aller Zeiten, er hat diese Art des Tennis perfektioniert.

Viele Spieler rühmen sich mit einem harten Aufschlag. Wenn der kommt, ist's natürlich super. Aber für ein dauerhaftes Serve-and-Volley-Spiel ist Wucht nicht unbedingt optimal. Denken wir kurz nach, wo wir den Volley am besten spielen: möglichst weit vorne am Netz (weil wir dort meist einen Volley in Brusthöhe kriegen), aber keinesfalls an der T-Linie, wo sich der gegnerische Ball meist senkt. Denken wir weiter: Wenn man schnell aufschlägt, kommt der Ball auch schneller (oder früher) zurück. Und man selbst hat es noch nicht allzu weit nach vorne geschafft.

Edberg hatte die Lösung. Er servierte fast nie, so schnell er konnte, dafür aber mit unglaublich viel Kick. Das hatte mehrere Vorteile: Sein Aufschlag war langsamer unterwegs, er hatte somit viel Zeit, ans Netz zu stürmen, bis der Ball zurückkam. Edberg stand beim ersten Volley daher meist schon innerhalb des T-Feldes! Der Kick (auf die Rückhand) stellte die meisten Gegner zudem vor die Herkules-Aufgabe, über Schulterhöhe flach und kurz zu returnieren (alles andere war für Edberg ein gefundenes Fressen). Zur Erinnerung: Damals, Ende der 1980er- und Anfang der 1990er-Jahre, spielten die meisten Profis eine einhändige Rückhand, in Zeiten von Djokovic und Nadal hätte es womöglich anders ausgesehen.

Und Edberg machte noch etwas gut: Bekam er einen etwas schwierigeren, also tiefen Return, ging er nicht direkt auf den riskanten Punktgewinn. Meist spielte er seinen ersten Volley lang ins Feld und rückte weiter vor. Der Gegner musste damit noch einen Passierball versuchen, und das gegen Edberg, der nun auf der idealen Volleyposition lauerte!

Ach Emilio!

Das Edberg-Match, von dem ich zu Beginn sprach, war ein Halbfinalspiel in Miami gegen Emilio Sanchez. (Ein Tipp: Bei TennisTV gibt's die Klassiker.)

Sanchez war ein klassischer Sandplatzwühler mit viel Spin in der Vorhand und fast ausschließlich Slice auf der Rückhand. Die durchgezogene Rückhand sah man bei ihm selten, und wenn, landete sie zu 80 Prozent im Aus. Vor allem, wenn Sanchez unter Druck stand.

Was machte also Edberg? Er spielte stur sein Angriffstennis, servierte zu 99 Prozent mit viel Kick auf Sanchez' Rückhand und vollierte den hilflosen Return vorne sicher weg. (Ab und an servierte er auch mal auf die Vorhand, um Sanchez zu irritieren.) Auch im Ballwechsel wollte Edberg stets nach vorne. Sanchez wusste das natürlich, und so hatte er zum Spielbeginn schon auf seinen Plan B umgestellt und spielte ebenfalls Serve-and-Volley. (Sanchez war ein ausgezeichneter Doppelspieler, aber im Einzel dauerhaft Serve-and-Volley zu spielen, war nicht sein Ding.)

Edberg gewann recht glatt und das dank einer simplen Taktik: Auf die Rückhand servieren – und wegvollieren. Zudem hatte er schon vor Spielbeginn seinen Gegner dazu gebracht, sein Spiel umzustellen.

Entdecken Sie »den Edberg« in Ihnen!

Serve-and-Volley verlangt enormes Training, am besten von Kindesbeinen an. Aber ein bisschen Edberg kann jeder von uns in sich entdecken.

Nehmen wir uns doch einfach vor, im kommenden Sommer unsere Volley-Situation zu verbessern. Es muss ja nicht mal gleich Serve-and-Volley sein. Die meisten von uns lassen sich nur vorne blicken, wenn der Gegner einen Stopp spielt oder die Ampel auf Grün steht (siehe dazu Kapitel »Am Netz machen Sie sich das Leben einfacher«, Seite 60). Planen Sie für Ihre kommenden Trainingsspielchen, auch dann anzugreifen, wenn es Gelb ist (vor allem, wenn Ihr Gegner eine schwache Rückhand hat). Achten Sie nur darauf, nicht zu gierig beim ersten Volley zu sein, speziell, wenn Sie ihn unter Netzhöhe spielen müssen. Bringen Sie ihn erst mal lang ins Feld und zwingen Sie Ihren Gegner dazu, einen weiteren Passierschlag anzusetzen. Zu 50 Prozent landet dieser im Aus oder Netz. Und falls nicht, sollten Sie dann gut aufgestellt sein, um ihn wegzuvollieren.

Tiefe Volleys am besten erst mal gegen den Lauf

Nehmen Sie sich auch hier ein Beispiel an Stefan Edberg: Tiefe Volleys spielte Edberg gerne erst mal gegen die Laufrichtung des Gegners – also dorthin, wo der Ball herkam. Warum? Stellen Sie sich vor, Sie greifen auf die Rückhand Ihres Gegners an, der aber kontert mit einem guten, weil tiefen Ball. Sie haben es bislang nur zur T-Linie geschafft. Ihr Gegner läuft (aus seiner Rückhandecke) derweil in die Mitte. Würden Sie nun einen (tiefen, langsamen) Volley auf die scheinbar offene Seite (seine Vorhand) spielen, könnte Ihr Gegner einfach durchlaufen. Spielen Sie hingegen noch mal lang auf die Rückhand, muss er (von seinem Weg in die Platzmitte) abstoppen und die Richtung wechseln. Ein guter Passierball ist dann schwierig, und Sie hatten mittlerweile Zeit, aufzurücken. Den Notball können Sie dann entspannt (und konsequent!) auf die Vorhandseite wegvollieren.

Hinterlistiger Tipp: Gerne greift der hilflose Verteidiger zum Lob, und das ist meist eine schlaue Wahl. Denn Schmetterbälle werden auf Clubebene kaum trainiert. Ändern Sie das, schmettern Sie zumindest beim Einschlagen 15 oder 20 Bälle mehr als üblich. Wollen Sie spielen wie Edberg, werden Sie den Schmetterball gegen Ihren ansonsten hilflosen Gegner dringend brauchen!

Bringen Sie alles rüber – wie Novak Djokovic

Novak Djokovic hat das Welttennis in den 2010ern dominiert. 15 Grand-Slam-Turniere hat er allein in diesem Jahrzehnt gewonnen, und natürlich hat er das nicht nur getan, weil er jeden Ball rübergespielt hat.

Djokovic hat ...

» ... es perfektioniert, auf Hartplätzen zu rutschen, er sparte sich damit den Extra-Schritt zum Stabilisieren, weil er durch das Rutschen sofort wieder die Richtung wechseln konnte.
» ... seinen Aufschlag verbessert und zu einer Waffe gemacht.
» ... mental immer nach vorne geschaut, statt vergebenen Chancen hinterherzutrauern (*was wäre passiert, wenn* gab's bei ihm nicht).

Auf diese Punkte wollen wir hier aber nicht eingehen.

Wir vereinfachen und stellen mal heraus, was Djokovic sonst so gut gemacht hat wie kein anderer: Djokovic hat Fehler vermieden, vor allem in den entscheidenden Phasen seiner Matches. Wir blicken hierfür auf das Wimbledon-Finale 2019 gegen Roger Federer.

Federer hat in diesem Spiel:

25 Asse geschlagen (Djokovic: 10)
6 Doppelfehler fabriziert (Djokovic: 9)
63 Prozent seiner ersten Aufschläge ins Feld gebracht (Djokovic: 62 Prozent)

79 Prozent seiner ersten Aufschläge gewonnen (Djokovic: 74 Prozent)
51 Prozent seiner zweiten Aufschläge gewonnen (Djokovic: 47 Prozent)
78 Prozent seiner Punkte am Netz gewonnen (Djokovic: 63 Prozent)
7 Breaks geschafft (Djokovic: 3)
54 Prozent seiner Breakchancen genutzt (Djokovic: 38 Prozent)
36 Prozent seiner Returnpunkte gewonnen (Djokovic: 32 Prozent)
94 Winner geschlagen (Djokovic: 54)
218 Punkte insgesamt gewonnen (Djokovic: 204)

Djokovic hat das Match mit 7:6 (5), 1:6, 7:6 (4), 4:6, 13:12 (3) gewonnen – trotz der schlechteren Statistik.

Natürlich hätte auch Federer gewinnen können, er hatte immerhin zwei Matchbälle. Dass Djokovic am Ende siegte, lag aber vor allem daran, dass er in den entscheidenden Phasen keine einfachen Fehler gemacht hat. Insgesamt waren es 52 bei ihm (bei Federer auch »nur« 62, bei deutlich mehr Winnern). Aber in den drei Tiebreaks, die Djokovic alle für sich entschieden hat, hat er 0 (!) Fehler ohne Not gemacht. Bei Federer waren es 11.

Spielen Sie ein Match wie der Djoker!

Versuchen Sie, in Ihrem kommenden Trainingsmatch zu spielen wie der Djoker. Halt, nicht rutschen wie ein Wahnsinniger, jedenfalls nicht auf Hartplatz! Aber spielen Sie doch mal ohne Fehler.

Jaja, ich weiß, das ist nicht jedermanns Sache, meine auch nicht. Aber um einen Plan B an schlechten Tagen in petto zu haben, ist das die sicherste Methode. Bringen Sie Ihrem Gegner alles rüber. Wenn Sie einen kurzen Ball bekommen, holen Sie nicht gleich die Keule raus – spielen Sie wie Djokovic, kontrolliert offensiv, immer gleichmäßig mit gutem Sicherheitsabstand zwischen Ball und Netz (Spin!). Machen Sie sich ein Spiel daraus, versuchen Sie, mal ein ganzes Trainingsmatch gegen Ihren Kumpel so durchzuhalten. Ich garantiere Ihnen: Sollten Sie das schaffen, wird sich dieser Sieg ganz besonders gut anfühlen und Ihnen den tollen Gedanken im Hinterkopf schenken, zur Not auch im Ernstfall ein Match im Djokovic-Modus gewinnen zu können!

Hinterlistiger Tipp: Djokovic musste im Laufe seiner Karriere meist auch gegen die Fans von Nadal und Federer spielen. Kein einfaches Unterfangen, die Ruhe zu bewahren, wenn 25.000 Menschen »Roger, Roger!!!« brüllen. Wie er das geschafft hat? Djokovic hat es nach dem Wimbledon-Spiel erklärt: »Wenn die Zuschauer ›Roger‹ rufen, höre ich ›Novak‹.« Das würde zwar albern klingen, aber er versuche sich zu überzeugen, dass dem so sei. Klar, allzu viele Fans rufen vermutlich bei unseren Matches nicht unseren Namen, und auch nicht den vom Gegner. Aber falls doch: Vielleicht schaffen Sie es ja auch, sich entsprechend zu manipulieren?

Spinnen Sie wie Rafael Nadal

Hat Rafael Nadal einen Schuss? Ja, absolut. Aber er packt ihn nur selten aus. Meist im Training oder wenn er hoch führt. Dann knallt selbst Nadal mal eine Vorhand »volle Pulle« rüber. Ich kann das bestätigen, denn ich habe ihn in Paris beim Training mehrfach aus nächster Nähe gesehen. Nadal hat, wenn er will, einen verdammten Zug drauf … nur kommt das im Match oder vorm TV selten rüber.

Im Match ist Nadal ein top Spinner. Ein Topspinner. Haben Sie schon mal versucht, mit dem Nadal-Vorhandgriff einen Ball übers Netz zu bekommen und sich dabei selbst auf die Schuhe geschossen? So extrem muss es ja auch nicht sein. Aber eins muss man Nadal lassen: Durch sein extremes Topspin-Spiel hat er eine gigantische Sicherheitsmarge. Schließlich sorgt der Topspin für einen gewissen Bogen (weniger Fehler ins Netz!), er lässt die Bälle auf teils wundersame Art und Weise auf der gegnerischen Seite runterfallen (Physik!), selbst wenn sie zunächst wirken, als landeten sie weit hinter der Grundlinie (weniger Fehler ins Aus!).

Klar ist: Der extreme »Rafa-Spin« kostet viel Kraft. Denn ein Teil der erzeugten Power wandelt sich beim Topspin (durch das Bürsten) nicht in direktes Tempo um, sondern in Drall. Sie brauchen also viel Schwung (sonst würden die Bälle im T-Feld oder gar auf Ihrer eigenen Seite verhungern), um nicht nur Drall, sondern auch eine vernünftige Länge hinzubekommen.

Peilen Sie die Ecken der T-Linie an

Je nachdem, wie Ihr sonstiges Spiel aussieht (spielen Sie eher flach oder ohnehin bereits mit einigermaßen viel Topspin?), ist ein »Nadal-Stil« völlig ungewohnt. Mein Tipp: Gehen Sie nicht gleich aufs volle Extrem. Versuchen Sie's mit etwas mehr Spin als gewohnt. Und versuchen Sie ebenso, mit diesem Spin eine gute Länge hinzubekommen. Und verstärken Sie ihn dann noch etwas mehr.
Das Ziel: Ihr Gegner wird mit höher abspringenden Bällen zu kämpfen haben und muss sich deutlich mehr bewegen, um nicht auf Schulterhöhe treffen zu müssen. Und das bei gleichzeitig mehr Sicherheit für Sie!

Tipp 1: Üben Sie den »Rafa«-Spin mit einer Netzerhöhung. Wir haben bereits darüber gesprochen: Hängen Sie ein Absperrband ungefähr zwei Meter über den Boden, also ungefähr auf doppelte Netzhöhe. (Am einfachsten befestigen Sie das Band an zwei Schiedsrichterstühlen oder am Zaun.)

Tipp 2: Sollte es mit dem Bürsten nicht so recht klappen, versuchen Sie's erst mal ohne Schläger. Lassen Sie sich von Ihrem Partner oder Trainer ein paar kurze Bälle hinters Netz werfen und bürsten Sie diese mit der Handfläche von unten nach oben gezogen rüber. Das gibt Ihnen ein gutes Gefühl, wie der extreme Topspin geschlagen werden sollte! Die Handinnenfläche ist hierbei Ihr Schläger. (Geben Sie nicht gleich nach drei Fehlversuchen auf, nach einigen Minuten klappt das meist recht gut.)

Hinterlistiger Tipp: Läuft es mit dem Bürsten? Super. Dann probieren Sie mal folgende Spielsituation: Sobald Sie etwas Winkel haben, nehmen Sie sich das T-Feld-Eck als Ziel. Spielen Sie also absichtlich kurz cross, mit viel Spin! Damit treiben Sie Ihren Gegner seitlich aus dem Feld, und wenn er nicht einen völlig tief gefallenen Ball zurückspielen will, muss er sich sowohl seitlich, als auch nach vorne bewegen (was nur die wenigsten Spieler gut können). Ergebnis: Sie haben das gesamte restliche Feld zur freien Verfügung, während Ihr Gegner im Nirwana herumirrt. Jetzt können Sie fast so punkten wie Nadal im Training: mit einem guten (aber nicht zu optimistischen) Schuss!

Umlaufen Sie wie Steffi Graf und Delpo!

Natürlich hätten wir alle gerne alles. Eine gute Vorhand und eine gute Rückhand. Gute Volleys. Ein gutes Gespür für den Übergang ans Netz. Ein feines Händchen für den Stopp. Im Zweifel würden wir gerne die Antrittsschnelligkeit von Usain Bolt haben und die Ausdauer von Haile Gebrselassie.

Weil wir das alles nicht haben, spielen wir dort Tennis, wo wir es tun. Und tauchen nicht an der Spitze der Weltrangliste auf. Vermutlich nicht mal im erweiterten Kreis.

Dennoch haben wir alle vermutlich eine Stärke. Einen Schlag, den wir, stünde da kein Gegner auf der anderen Seite, gerne immer einsetzen würden. Manche Spieler würden am liebsten nur erste Aufschläge rüberbrettern (aber bloß keine zweiten!), andere fühlen sich wohl, alles auszugraben und rüberzubringen (und könnten das stundenlang tun). Die meisten von uns fühlen sich mit der Vorhand ganz gut. Mit der Rückhand eher nicht. An dieser Kombi wollen wir mal ansetzen.

Es gibt hier die Theorie vom Schwert und vom Schild, die einige Tennistrainer vertreten. Das Schwert kommt zum Einsatz, wenn wir angreifen. Das Schild, wenn wir verwalten (dabei sollten wir bloß nix riskieren!). Lassen Sie uns mal die Vorhand als Schwert, die Rückhand als Schild betrachten. (Sollten Sie eine bessere Rückhand haben, ist es freilich umgekehrt.)

Steffi Graf – »Fraulein Vorhand«

Der große US-amerikanische Tennisreporter Bud Collins hatte eine Vorliebe für Nicknames. Steffi Graf bezeichnete er als »Fraulein Vorhand«, und das nicht ohne Grund. Schauen Sie mal bei YouTube rein. Grafs Vorhand war legendär, und Graf hatte auch noch die Beinarbeit, in sehr vielen Situationen ihre Rückhand umlaufen und die Vorhand einsetzen zu können. In den 1980er- und frühen 1990er-Jahren profitierte sie zudem davon, dass noch recht beschaulich Tennis gespielt wurde. Graf hatte meist genug Zeit, die Rückhand zu umlaufen. Erst mit Monica Seles, die eine neue Art Powertennis aufzog, bekam Graf ihre Probleme, denn Seles nagelte Graf mit ihren beidhändigen Schlägen oft gut auf der Rückhand fest. Sobald Graf aber Zeit hatte, setzte sie die Vorhand ein.

Juan Martin del Potro – der »Gentle Giant«

Ein anderes Beispiel ist Juan Martin del Portro. Er tauchte 2009 plötzlich auf und schoss im Finale der US Open seine Vorhände so schnell auf die Seite von Roger Federer, dass dieser am Ende wie ein blutiger Anfänger dastand. »Delpo«, das war an diesem Abend klar, würde bald die Nummer 1 der Welt werden, wenn nichts Ernsthaftes dazwischenkäme.

Das kam es leider: »Delpos« Handgelenke hielten nicht durch. Er musste mehrfach operiert werden, vor allem am linken, was seine beidhändige Rückhand beeinträchtigte. Er schaffte es zwar immer wieder zurück in die Top Ten, ein Grand-Slam-Sieg aber war nicht mehr drin. Dafür umlief er die Rückhand mehr und mehr, auch wenn ihm die Herren Djokovic, Nadal und Federer hierfür meist nicht so viel Zeit ließen wie Grafs Gegnerinnen Arantxa Sanchez Vicario oder Gabriela Sabatini.

Öfter mal weiter links stehen

Im Profitennis wird gerne von der »Aufschlag + 1«-Kombi gesprochen (wir hatten es bereits davon). Heißt: Roger Federer schlägt auf und kann den ersten Ball danach meist aggressiv mit der Vorhand angehen. Weil er nach dem Aufschlag nicht in der Mitte wartet, sondern meist links versetzt – um direkt mit der Vorhand ans Werk zu gehen.

Für uns Clubspieler ist das nicht so einfach, nur die wenigsten verfügen schließlich über einen wirklich gefährlichen Aufschlag. Beginnen Sie damit, zumindest mittig geschlagene Bälle Ihres Gegners dauerhaft mit der Vorhand zu nehmen (zu oft ist man zu faul und nimmt die Rückhand, wenn der Ball mittig, aber minimal auf der Rückhandseite ankommt).

Graf und Delpo haben dieses »Umlaufen« (noch extremer als Federer) aber auch im Ballwechsel an sich perfektioniert. Da wurden gerne mal 75 Prozent des Platzes mit der Vorhand abgedeckt, es wurde also umlaufen, was das Zeug hält. Vor allem Graf nagelte ihre Gegnerinnen gerne mit der Vorhand inside-out gespielt auf deren Rückhand fest. Und wartete auf den harmlosen Rückschlag weiterhin leicht links von der Mitte versetzt. Und meistens deutlich mehr als nur leicht. Bis ein kurzer Ball kam – und dann: Rumms!

Wer kann schon (dauerhaft) mit der Rückhand longline kontern?

Das Risiko bei dieser Variante liegt auf der Hand: Was, wenn der Gegner einfach die Rückhand longline durchzieht? Nun, hat man mit der eigenen Vorhand ordentlich Druck und Länge auf der Pfanne, sollte ihm dies schwerfallen. Außerdem wird der Gegner genau dazu verführt. »Hier, schau – meine Vorhandseite ist ganz offen!« Und wer von uns verfügt schon über eine gute Rückhand longline (und das nicht nur mal als Zufallstreffer)? Sollte der Gegner auf das Angebot eingehen, muss zudem ein guter Schlag her. Denn würde die Rückhand longline nur mittelprächtig ankommen, hätten Sie … wiederum eine Vorhand, diesmal sogar, ohne umlaufen zu müssen. Und einen guten Winkel auf die Vorhandseite Ihres Gegners.

Ach ja, was ist eigentlich mit der Rückhand? Wir erinnern uns ans Schild. Hier heißt es im Zweifel, auf Sicherheit zu spielen, den Ball einfach lang im Spiel zu halten – ohne Fehler. Vielleicht sogar mit einem Slice, der ein schönes Gegenprodukt zum Vorhandhammer darstellt und dem Gegner den Rhythmus nimmt. Und dann heißt es: lauern, bis der Gegner endlich wieder zu mittig spielt und die Vorhand wieder zum Einsatz kommt!

Hinterlistiger Tipp: Sollte Ihr Gegner selbst über eine nur mittelmäßige Vorhand verfügen, bietet sich auch ein Angriff hierauf an. Denn von der Vorhandseite wird es ihm dann deutlich schwerer fallen, Sie auf Ihrer Rückhand zu bespielen – dazu fehlt ihm der Winkel. Sie können so wieder auf einen (vielleicht sogar kurzen) Ball auf Ihre Vorhand spekulieren. Und es dann ordentlich krachen lassen!

ANHANG

Doppelgedanken

Die Doppelwelt ist eine ganz besondere, wenn man das Spiel richtig spielen will. Selbst im Profibereich: Hier fahren die Doppelspezialisten ein völlig anderes Spiel auf als Akteure, die sich nur hin und wieder mal im Doppel blicken lassen.

Ein paar Gedanken, wie Sie zumindest etwas Action in das übliche Clubspieler-Doppel bringen, möchte ich Ihnen dennoch mitgeben. Sie werden sehen: Setzen Sie diese drei Tipps auf Dauer erfolgreich um, haben Sie Ihren Kollegen einen klaren Vorteil voraus!

Spielen Sie »Terminator« und »MacGyver«

Die typische Doppelaufstellung sieht meist so aus: Aufschläger und Returnierer stehen an der Grundlinie. Die beiden anderen am Netz. Richtig?

Falsch.

Zum einen steht bitte niemand am Netz, sondern bewegt sich (darüber sprechen wir in den folgenden Kapiteln ab Seite 130 ausführlicher, »Lui« lässt grüßen). Zum anderen haben wir im Ballwechsel immer zwei Netzpositionen, zwischen denen wir wechseln.

So machen wir die Seiten zu

Aber eins nach dem anderen. Zunächst stellen wir uns selbst mal als einen der beiden Netzspieler vor, in einem lange andauernden Ballwechsel. Angenommen, unser Partner spielt einen langen Ball auf den anderen Grundlinienspieler. Was tun wir? Erst mal nicht viel.

Was aber, wenn unser Partner dem Grundliniengegner nach außen spielt? Stellen Sie sich die Situation bitte bildlich vor. Sie stehen links vorne am Netz, Ihr Partner spielt eine gute Vorhand cross ins Doppelfeld des gegnerischen Grundlinienspielers, er treibt ihn hierbei nach außen. (Schließen Sie kurz die Augen, um sich die Situation vorzustellen.)

Was tun Sie? Nun, würden Sie an Ihrer ursprünglichen Position verharren, wäre Ihre linke Seite ziemlich frei. Denn Ihr Gegner spielt seine Vorhand ziemlich weit außen – und hätte viel Platz für einen Longline-Passierschlag von außen in Ihren Doppelkorridor. Um den zu vermeiden, gehen Sie also »mit dem Ball mit«, also ebenfalls ein, zwei Schritte nach außen. Um das Doppelfeld, in das Ihr Gegner von außen hineinschlagen könnte, abzudecken. (Entsprechend verfahren Sie auf der anderen Seite.)

Eine andere Situation: Ihr Partner ist erneut in ein Vorhandduell verwickelt, diesmal spielt er seine Vorhand jedoch nur etwas cross, in die Mitte des gegnerischen Feldes. Ihr Grundliniengegner muss also eine Rückhand spielen.

Und Sie? Außen abdecken müssen Sie wenig. Dass Ihr Gegner aus der Mitte des Platzes eine Rückhand links an Ihnen vorbeizwirbelt, ist nach physikalischen Gesetzen recht unwahrscheinlich. Sie können also etwas in die Mitte rücken und auf einen schwachen Rückschlag hoffen – und diesen wegvollieren.

Fazit 1: Gehen Sie in der seitlichen Bewegung am Netz immer mit dem Ball mit, den Ihr Partner geschlagen hat!

»Terminator« und »MacGyver«

Jetzt wird's etwas kompliziert. Als Netzspieler ist nicht nur die seitliche Bewegung wichtig, sondern auch die von vorne nach hinten.

Der Reihe nach. Wir stellen uns vor, wir wären der Netzpartner des Aufschlägers, der von rechts aufschlägt. Wir stehen also links vorne. Und wären damit der erste Spieler des Ballwechsels, der zum Volley kommen könnte. Wir hoffen auf einen starken Aufschlag unseres Partners – und einen schwachen Return. Wir stehen genau zwischen Netz und T-Linie. Hier ist die ideale Volleyposition! Und gehen, siehe oben, etwas links oder rechts mit dem Aufschlag mit. (Schlägt unser Partner nach außen auf, gehen wir auch etwas nach außen. Schlägt er in die Mitte auf, gehen wir etwas in die Mitte.) Angenommen, der Return ist schwach und wir kommen zum Volley, gehen wir einen Schritt entgegen und setzen ihn schräg ins offene Feld (»hinter« den gegnerischen Netzspieler). Klingt ziemlich logisch, oder?

Stellen wir uns nun kurz den gegnerischen Netzspieler vor. Stünde er ebenfalls zwischen Netz und T-Linie, hätten wir ein schönes offenes Feld für unseren Volley. Es wäre genug Platz, wir müssten gar nicht allzu genau spielen, um zu punkten.

Stünde der gegnerische Netzspieler hingegen eher an der T-Linie, müssten wir unseren Volley genauer platzieren, damit er ihn nicht abfängt. Anders gesagt: Wir müssten riskanter spielen.

Bitte lesen Sie die letzten Zeilen noch mal und stellen Sie sich diese Situation bildlich vor. Das ist ganz wichtig!

Und damit haben wir sie also, unsere Volleypositionen zu Beginn eines Punktes: Der Partner des Aufschlägers steht weiter vorne (zwischen Netz und T-Linie), der Partner des Returnierers an der T-Linie.

Warum nun »Terminator« und »MacGyver«? Nun: Der Partner des Aufschlägers will »exekutieren« – und zwar den Return, wenn er denn drankommt. Der Partner des Returnierers muss »improvisieren«. Sollte er den gegnerischen Volley noch irgendwie abfangen wollen, muss er in Höhe der T-Linie stehen. Einer eigentlich unguten Position, das ist völlig klar! Die in diesem Falle aber die einzige Möglichkeit ist, dem gegnerischen Volleyspieler nicht das gesamte Feld zu überlassen.

Übertragen wir die Situation auf den Ballwechsel

Lesen Sie sich die Ausgangslage bitte NOCH EINMAL durch. Machen Sie sich klar, warum der Partner des Aufschlägers näher am Netz steht (weil er als Erster einen Volley spielen kann). Und der Partner des Returnspielers eher im Bereich der T-Linie (weil er im Zweifel erst mal reagieren muss und dem gegnerischen Volleyspieler das Ziel verkleinern will).

Wir spielen den Ballwechsel nun mal weiter (gedanklich sind wir immer noch der Partner des Aufschlägers).

Diesmal kommen wir jedoch nicht an den Volley, denn der Returnspieler spielt einen guten Return cross ins Feld. Was nun?

Jetzt hat sich die Situation umgedreht. Der Partner des Returnspielers kann nun womöglich an den Volley kommen, sollte unser Partner (der ursprüngliche Aufschläger) nicht einen ebenfalls guten Cross-Ball ansetzen. Der Partner des Returnspielers sollte nun also aufrücken, zwischen Netz und T-Linie (bereits dann, wenn der Partner den guten Return gespielt hat und klar ist, dass wir am Netz nicht an den Volley gehen). Er wird dann versuchen, seinerseits einen Volley ins offene Feld (hinter uns) zu spielen. (Würde er an der T-Linie stehen bleiben, würde er vermutlich einen sehr tiefen und damit schwierigen Volley spielen müssen. Rückt er auf, kann er offensiv drangehen.)

Noch mal die Situation: Aufschlag, langer Return cross (gegnerischer Netzspieler rückt von der T-Feld-Position auf die Position zwischen Netz und T-Linie), Vorhand unseres Partners schwach – der gegnerische Netzspieler kommt zum Volley. Und hätte nun das offene Feld zur Verfügung. Wir können ihm das Leben zumindest etwas schwerer machen: indem wir etwas schräg nach hinten rücken und das Zielfeld verkleinern (bereits dann, wenn der Return an uns vorbeifliegt zu unserem Partner).

Schlägt unser Partner wiederum einen guten Cross-Ball (ohne, dass der gegnerische Netzspieler drangeht), gehen wir wieder nach vorne, um auf einen offensiven Volley zu lauern. Und der gegnerische Netzspieler schräg nach hinten.

Diese »Bewegungen« können sich nun unendlich lange fortsetzen, sollte die Cross-Rallye so weitergehen. Es ist ein ständiges Lauern auf den offensiven Volley.

Mit dem Ball mitgehen

Stellen Sie sich diesen Ballwechsel nochmals (!) bildlich vor.

Merken Sie etwas? Genau wie wir am Netz seitlich »mit dem Ball« mitgehen, den unser Partner geschlagen hat (nach links oder rechts), müssen wir uns auch nach vorne und hinten bewegen: Schlägt unser Partner einen langen Cross-Ball (der an uns und am gegnerischen Netzspieler vorbeifliegt) rücken wir auf (wir gehen »mit dem Ball mit«). Schlägt der Gegner einen langen Cross-Ball (an den wir nicht drankommen), gehen wir schräg in Richtung Platzmitte zurück, um dem gegnerischen Volleyspieler für einen eventuellen Volley das offene Feld zu verkleinern.

Fazit 2: Gehen Sie mit dem Ball nicht nur seitlich, sondern auch »der Länge nach« mit. Heißt als »linker« Netzspieler: von vorne links schräg zurück, grob in Richtung T-Linie. Und als »rechter« Netzspieler: von vorne rechts ebenfalls schräg zurück, ebenfalls Richtung T-Linie.

Stellen Sie sich die Schilderung in diesem Kapitel immer wieder bildlich vor, bis die Situation klar ist. Üben Sie Doppel! Erst wenn Sie diese »Standardsituation« so in Ihr Spiel eingebaut haben, dass Sie quasi nicht mehr drüber nachdenken müssen, gehen Sie an das »Lui«-Kapitel!

Gehen Sie dazwischen und machen Sie den »Lui«!

Mein alter Vereinschef Lui ist eine Legende in unserem Tennisclub. Lui war keiner, der seine Gegner mit besonders schnellen Bällen vom Platz schoss. Aber Lui war im Freizeit-Mixed gefürchtet. Denn wenn Lui am Netz war, hatte die Gegenseite keine ruhige Sekunde.

Der angewurzelte Netzspieler

Es gibt ungefähr drei Sorten an Netzspielern. Der Erste steht zwangsläufig vorne: Er weiß, dass im Doppel nun mal einer in den sauren Apfel beißen muss und nach vorne geschickt wird. (Übrigens: Das ist keine Pflicht, es können ohne Weiteres auch beide hinten stehen.) Und dann steht er vorne … und steht. Er steht da und hofft, dass er keinen Volley spielen muss. Er macht auch nicht die geringsten Anstalten, einen Volley zu spielen. Er steht wie angewurzelt, nur wenn man tatsächlich einen Ball auf ihn spielt, kommt er nicht umhin, einen Volley zu versuchen.

Das Gute: Hat man das gecheckt, braucht man sich um ihn wenig Sorgen zu machen. Man kann den Grundlinienspieler laufen lassen, kann drei Viertel des Platzes ausnutzen, ohne dass der Netzspieler dazwischenfunkt, man kann ab und an auch einen Lob spielen – und sollten die Gegner dann die Positionen tauschen, spielt man den Lob auf die andere Seite. Im Zweifel wird der angewurzelte Netzspieler seinem Partner ein »Du!« zurufen, und wenn Sie schlau spielen, wird das gleich mehrfach pro Ballwechsel passieren. Dem rennenden Adjutanten wird bald die Puste ausgehen.

Der angewurzelte Netzspieler ist bei Gegnern äußerst beliebt.

Der souveräne Netzspieler

Dann haben wir noch die Nummer zwei. Diese Art von Netzspieler wird etwas mehr vom Feld abdecken. Er wird auch Bälle annehmen, die einigermaßen in Reichweite, aber meist solides Fressen sind. Auch der Lob sollte gegen ihn eine einigermaßen gute Länge haben: Hätte beim angewurzelten Netzspieler noch ein einigermaßen hoher Ball kurz hinter die T-Linie ausgereicht, um ihn zu umspielen, muss hier schon ein »echter« Lob her, der zumindest die hintere Hälfte des Großfeldes erreicht. Für Überraschungen ist der souveräne Netzspieler aber nicht zu haben: Er spielt, was er mit wenig Aufwand und Risiko bekommt – und geht dann brav wieder auf seine angestammte Position zurück.

Der aktive Netzspieler

Der dritte Typus ist am Netz geschickter, denn er hat das Spiel kapiert. Er sorgt immer für Action. Und vor allem: Er denkt mit. Stellen wir uns einen Punkt beim Spielstand von 15:15 vor. Die Netzspieler stehen also links vorne. Serviert der Partner des aktiven Netzspielers dem Gegner in die Mitte, lautet die Überlegung des aktiven Netzspielers: »Hey, mein Gegner muss eine schwache Rückhand aus der Platzmitte schlagen. Da kann er mich unmöglich von außen passieren.« Gut gedacht! Der aktive Netzspieler kann somit auf einen schwachen Return in die Mitte spekulieren und ein, zwei Schritte nach rechts machen. Der Vorteil: Kommt tatsächlich ein schwacher Return in die Mitte, kann er den Punkt mit einem einfachen Volley beenden.

Der Gedanke geht aber noch weiter, denn nun fängt auch der Gegner an zu denken: Er weiß von jetzt an, dass der aktive Netzspieler ein aktiver Netzspieler ist und bei schwachen Returns eingreifen wird – in der Folge wird er somit präziser cross spielen wollen, mit mehr Power, vielleicht auch flacher übers Netz. Er muss somit mehr Risiko eingehen und mehr Fehler machen. (Diese Gedankenspiele funktionieren natürlich von der linken Seite auch.)

Der »Lui«

Der vierte Netzspieler ist der gefährlichste – und der nervigste für den Gegner. Wir nennen ihn im folgenden »Lui«. Im Gegensatz zu uns anderen tut Lui ein gelungener Passierball der Gegner nicht mehr weh als ein Grundlinienfehler. Lui ist daher immer in Bewegung: Er läuft beim Ballkontakt des Gegners auf Verdacht in die Mitte – und kassiert den schwachen Return ab. Er täuscht einen Eingriff durch die Mitte an – und bleibt dann doch stehen, um den Passierversuch der Gegner wegzuvollieren. Er ist den gesamten Ballwechsel über aktiv und treibt seine Gegner damit in den Wahnsinn. Denn: Bei Lui weiß man nie, was passiert.

Der Gegner an der Grundlinie muss immer ein Auge auf ihn haben und schauen, was Lui jetzt schon wieder plant. Er muss im nächsten Moment umswitchen, wenn Lui mal wieder durch die Mitte rennt. Von wegen Augen nur auf den Ball richten: Mit Lui als Gegner geht der Blick immer auch auf die andere Seite – die Fehlerquote steigt somit. Ebenso das Risiko, weil man präzisere Schläge ansetzen muss, um Lui zu entgehen, was zu weiteren Fehlern führen wird.

Klar ist: Nicht jeder ist für einen »Lui« gemacht. Viele Netzspieler hassen es, passiert zu werden. Ein Passierschlag des Gegners ist für sie viel schlimmer als ein Grundlinienfehler. Aber warum eigentlich? Er zählt genauso viel oder wenig.

Wollen Sie von Lui lernen? Dann sorgen Sie für Action am Netz und verwirren Sie die Gegner. Was kostet's da schon, wenn denen ab und an mal ein Passierball gelingt? Aber Achtung: Als Partner von Lui sollten Sie immer damit rechnen, auch mal einen Longline-Ball abzufangen, wenn Lui mal wieder wild durch die Mitte rennt!

Hinterlistiger Tipp: Um als Gegner den »aktiven Netzspieler« und »den Lui« etwas ruhiger zu bekommen, hilft es, früh klar Schiff zu machen. Heißt: Spielen Sie zu Beginn des Matches einen Longline-Passierschlag. Oder zwei. Ob Sie den Punkt machen oder der Netzspieler pariert, ist fast nebensächlich. Denn nun haben Sie ihn geeicht: Er weiß, dass Sie jederzeit einen Passierschlag ansetzen werden, wenn es Ihnen in den Sinn kommt. Völlig vogelwild wird er daraufhin nicht mehr in die Mitte rennen und versuchen, alles abzufangen. Sie können sodann in Ruhe Ihr eigenes Spiel aufbauen.

Der Lob als Angriffsball

Kollege M. wurde mir bei unserer ersten Begegnung als »Meister des Lobs« vorgestellt. M. spielt keine spektakulären Lobs, wie Andy Murray beispielsweise, am Ende sogar mit Topspin. Nein, M. spielt einfach ständig Lobs. Wenn man M. im Doppel auf die Rückhand serviert, kommt zu 100 Prozent ein Lob. Der zu 99 Prozent kurz vor die Grundlinie klatscht.

Überlegen Sie mal kurz: Schmettern Sie gern und gut? Okay, dann gehören Sie einer absoluten Minderheit im Clubspielerbereich an. Denn der Schmetterball wird kaum trainiert. Und ist, anders als bei den Profis, eine große Fehlerquelle.

Der Lob im Clubtennis ist ein Schlag, der einen viel zu schlechten Ruf hat. Wird man angegriffen, ist die erste Reaktion: »Oha, jetzt muss ich noch schneller spielen! Noch genauer! Einen Schlag ansetzen, der was ganz Besonderes ist!« Was ein Blödsinn.

Der Platz ist klein, aber hoch

Das Schöne am Freilufttennis ist, dass es nach oben hin kein Limit gibt. Und wenn Sie ein bisschen Gefühl für Höhe und Weite entwickelt haben, können Sie mit dem Lob einigen Schaden anrichten. Vor allem, wenn der Netzspieler auf der gegenüberliegenden Seite sich wenig bewegt, nur den Raum um ihn herum abdeckt und den Grundlinienspieler alles machen lässt. Dann sollten Sie angreifen.

Ein Lob über den Mann am Netz verschiebt das komplette Doppel. Vor allem beim Return von der Einstandseite aus. Bringen Sie hier einen Lob an, muss der Aufschläger plötzlich die Seite wechseln und Ihren Lob, einen hohen Ball also, mit der Rückhand spielen. Dabei kommt nur selten etwas Sinnvolles heraus. Am besten, Sie greifen auf den Lob hin an, bauen sich neben Ihrem Netzpartner auf. Was dann passiert? Entweder es kommt ein Rückhandgeschoss ins Aus (zwei Leute am Netz sorgen meist für Panik auf der anderen Seite, die sich berufen fühlt, nun etwas ganz Besonderes auszupacken). Oder es kommt ein harmloser Schlag, den Sie per Volley entspannt ins freie Feld schieben können. In Ausnahmefällen, sollte Ihr Gegner schlau sein, kommt ebenfalls ein Lob. Den wiederum sollten Sie nicht »volle Pulle« spielen, sondern platziert in die Mitte des Feldes. Selbst wenn kein direkter Punkt herausspringt, wird ebenso kaum ein Winner Ihrer Gegner folgen. Denn die sind oft noch mit der ungewohnten Stellung beschäftigt. Der Netzmann musste schließlich die Seite wechseln, als der Aufschläger mit Ihrem Lob beschäftigt war (hat er das nicht getan, ist ohnehin die gesamte Vorhandseite frei).

Natürlich sollten Sie diese Taktik nicht ständig einsetzen, eher als Überraschung. Oder doch öfter? Probieren Sie's aus, solange Sie Erfolg haben oder bis Ihre Gegner das Manöver durchschauen. Sie setzen sich damit im Kopf des Aufschlägers fest, der nun statt einer entspannten Vorhand auf der Einstandseite mit einem doofen Ball auf die Rückhand konfrontiert wird. (Klappt umgekehrt aber oft auch.)

Am besten spielen Sie diese Kombination übrigens, wenn Ihre Gegner die Sonne im Blick haben. Sollte der Netzspieler irgendwann wagemutig zu schmettern versuchen, müssen Sie in den meisten Fällen nur noch aus dem Weg gehen und den Ball anschließend – leider etwas umständlich – aus dem Zaun werkeln.

Hinterlistiger Tipp: Falls Sie selbst in die Situation kommen, schmettern zu müssen (egal ob im Einzel oder Doppel) – machen Sie es sich nicht zu kompliziert. Wichtig: zu kurz geratene Lobs ebenfalls kurz und mit Winkel in Richtung seitlichen Zaun schmettern. Lange Lobs ins lange Feld spielen (ein Versuch, einen langen Lob kurz zu schmettern, endet gerne im Netz). Vor allem: Zielen Sie nicht zu arg in Richtung der Linien, der Ball landet viel zu oft im Aus. Einen Schmetterball mit nur mittelprächtigem Tempo muss Ihr Gegner auch erst mal zurückbringen. Zumal er in der Regel versuchen wird, »etwas ganz Besonderes« damit anzufangen, weil Sie ja weiterhin am Netz positioniert sind.

Für weitere Doppel-Tipps verweise ich gerne auf Tennis – Heiß auf Doppel: In 5 Schritten zur siegreichen Teamstrategie *von Thomas Kosinski und Alexander Schepp. Die beiden dröseln das Doppelspiel wunderbar praxisnah auf und erklären anschaulich, warum man was tun sollte (und was man tunlichst vermeiden sollte).*

Der Autor

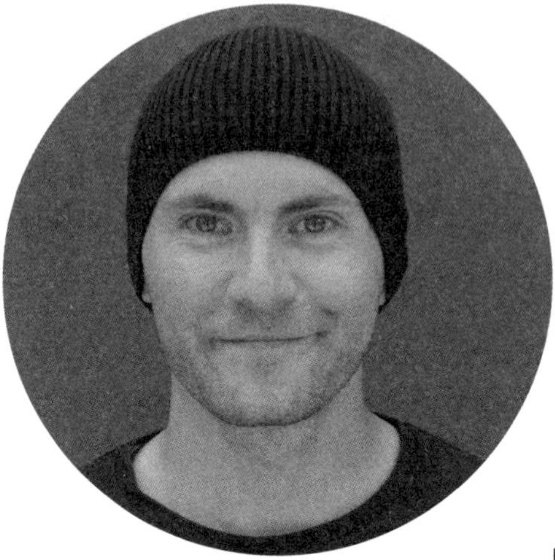

Florian Goosmann ist eigentlich Jurist und heute tätig als freier Journalist, hauptsächlich im Tennisbereich für tennisnet.com, tennis MAGAZIN und ZEIT ONLINE. Auf dem Platz arbeitet er gerade am verstärkten Weg ans Netz. »Mit Taktik punkten: Die Kunst, über Tennis nachzudenken« ist sein zweites Buch.